EL TRIPLE IMPULSO
DEL PAPA FRANCISCO A LA IGLESIA

A LA LUZ DE LA HISTORIA DE LA IGLESIA

J. Mª. MARTÍ BONET

EL TRIPLE IMPULSO DEL PAPA FRANCISCO A LA IGLESIA

A LA LUZ DE LA HISTORIA DE LA IGLESIA

"Caminamos juntos... como los discípulos de Emaús"

(Lucas 24, 13-20)

Barcelona - marzo 2024

© J. Mª. Martí Bonet
Triple impulso del papa Francisco a la Iglesia. A la luz de la historia de la Iglesia
ISBN Libro en papel: 978-84-685-8084-5
ISBN eBook en PDF: 978-84-685-8085-2
Impreso en España
Editado por Bubok Publishing S.L

Fotografía de la cubierta: Los discípulos encuentran a Jesús en el camino a Emaús,
grabado de Gustave Doré (1832-1883)

ÍNDICE

INTRODUCCIÓN

Nuestro querido papa Francisco nos tiene acostumbrados a frecuentes impulsos que sacuden toda la Iglesia y a todo hombre y mujer que le escucha, ¡que somos muchísimos! Pero no por el hecho de que sean tan frecuentes estas sacudidas dejan de impresionar a tanta gente y a muchos historiadores que cuidan de la memoria histórica de nuestra Iglesia.

El último episodio ha sido con una frase pronunciada a finales del año 2023, cuando nos decía: "Hay que dar el paso, de hacer cosas para los pobres a hacerlas con los pobres". Esta frase, toda ella refleja un nuevo nivel de tratamiento hacia los "pobres": respeto, interacción, dejar de situarnos en un nivel superior al que recibe la caridad o la evangelización por parte de nosotros; somos hermanos; actuamos o hace falta actuar de igual a igual, y también actuar entre hermanos, que nos ayudamos y recibimos el favor de poder hacer caridad. ¡Debemos estar agradecidos! Obviamente estas frases cambian, en parte, la visión que tenemos de nuestro cristianismo: son novedades que estaban escondidas en el sustrato de nuestras espléndidas creencias: ¡Pues que sean bienvenidas! Sin embargo, creo yo, hay que contextualizarlas en los parámetros de la historia de la Iglesia. No son explosivas novedades propiamente dichas, sino explicitaciones nuevas del generoso y fecundo pensamiento cristiano de todos los tiempos, si bien admitimos que el propio Espíritu Santo tiene mucho que ver en ellas.

Creo que la serie de ideas "impactantes" del papa Francisco (hasta el año 2024) se pueden agrupar en tres grandes apartados: 1-

Colegialidad y sinodalidad ("caminemos juntos"), 2- Evangelización interactiva (interculturización) y 3- Revisión del celibato o renuncia a casarse -sin ningún condicionante- por causa del Reino de los Cielos (Mt 19.12).

Como complemento, será bueno que se explique también el comportamiento de los cristianos hacia los judíos, musulmanes y esclavos. Habrá que aplicar en estos casos la interacción como se ha hecho con los pobres. O sea, habrá que hacer cosas no sólo por los judíos, musulmanes y por los pobres, sino hacer cosas "con" ellos. En cuanto a los esclavos, obviamente será necesario eliminar la esclavitud totalmente. En definitiva, nos complace presentar estas reflexiones (de nuestra historia) que definimos como "impulsos o embates" en la Iglesia y en todo el mundo del papa Francisco. Sin embargo, no dejamos de observar el caminar "todos juntos" de los cristianos de la Iglesia primitiva y las experiencias exitosas de Mateo Ricci y de las reducciones de los jesuitas en Paraguay y Brasil, así como las no tan exitosas de Fray Sotelo. Posiblemente estos estudios podrán explicar las evoluciones que siguen -quizás como reacción- a las nuevas expresiones del papa Francisco.

Barcelona, febrero de 2024
Mn. Martí Bonet

"CAMINAR JUNTOS"

"... todos eran constantes..., junto con las mujeres, con María, madre de Jesús"

Los "Hechos de los apóstoles" nos explican cuál fue la primera comunidad cristiana, quiénes la formaban y qué hacían: *"Jesús... se elevó ante ellos. Y una nube se lo llevó y lo dejaron de ver. Aún estaban mirando fijamente al cielo, mientras se iba, cuando se les presentaron dos hombres vestidos de blanco, y les dijeron: 'Hombre de Galilea, ¿por qué estáis mirando al cielo? Este Jesús que ha sido llevado de entre vosotros hacia el cielo volverá tal y como habéis visto que se iba"... Volvieron a Jerusalén* (aquella gente a la cual que se refiere el relato anterior...), *cerca de la finca de los Olivos, cerca de la ciudad... todos -continúa- (con los 11 apóstoles) eran constantes y unánimes en la oración* **junto con las mujeres, con María**, *la madre de Jesús y con los hermanos de él"* (*Hechos de los apóstoles* 1 ,9-14).

Hay que subrayar que María, la madre de Jesús, tenía un lugar preeminente en esta primera comunidad de cristianos, y que no faltaban "las mujeres" y algunos familiares fieles a Jesús. Es, pues, muy expresivo el hecho de que estas reuniones se hacían en una casa cerca del "campo de los Olivos", junto a Jerusalén. Así, encontramos la que podríamos denominar primera asamblea (que es lo mismo que decir "Ecclesia"), o si queréis el primer "sínodo" de la Iglesia, con el convencimiento de que también está presente el mismo Jesucristo, pues él había dicho poco antes: "Yo estoy con vosotros día tras día, hasta el fin del mundo" (Mateo 28,15), y ya que también les había asegurado: "...donde hay dos o tres reunidos en mi nombre, yo estoy allí entre ellos" (Mateo 18,20). Jesús, pues, verdadero Dios, está aquí y allí, en el cielo y en la tierra, y en todo lugar... Esto lo sabe el auténtico cristiano. Éste no necesita ir a un lugar especial para encontrarse con Jesús; lo encontramos siempre en la Reunión, en la Asamblea, en la Iglesia: "Yo estoy con vosotros...", en la *Ecclesia* o reunión cristiana, especialmente en la Santa Misa, "siempre estoy".

La Asamblea o *Ecclesia* de los cristianos primitivos

Simplemente en la reunión de dos o tres personas en nombre de Jesús, él asegura que allí está presente. Por eso "la Asamblea" para los cristianos primitivos es tan importante, porque así hacen iglesia (que es lo mismo que decir que así se encuentran con Jesús, viviendo y caminando con él como lo hacían los discípulos de Emaús, que después de caminar juntos descubrieron a Jesús en la fracción del pan: "cuando se sentó [Jesús] con ellos en la mesa, tomó el pan, dijo la bendición, lo partió y les dio. Entonces se les abrieron los ojos y lo reconocieron". Los dos discípulos de Emaús, se decían entre ellos: "¿No ardía nuestro corazón mientras conversaba con nosotros en el camino y nos explicaba las Escrituras?" (Lucas 24,31). Ésta era la característica esencial de los cristianos primitivos: "En la vida caminar con Jesús!". O, con otras palabras: Ir a beber de esta fuente, que son las palabras de Jesús. Éste es el principal rasgo de la Iglesia primitiva, y en el conjunto es uno de los objetivos principales del buen historiador cristiano de la Iglesia, ya que el cristianismo es como una larga cadena con anillas. mediante la cual todos estamos vinculados al primer eslabón, que no es otro que el de los apóstoles, y con ellos la comunidad cristiana de los primeros cien años. ¡Ésta está vinculada a Jesús! Es muy importante conectar con el primer eslabón para validar nuestras características, demostrando que nosotros seguimos las huellas de los primeros cristianos; sólo así podremos creer que somos los propios continuadores. Por eso es tan importante el servicio que puede hacer el historiador, siempre mostrando documentos auténticos de ese cristianismo primitivo.

Presentaremos una media docena de documentos gracias a los cuales veremos tanto la permanencia del núcleo de nuestra tradición, como la innegable evolución de los elementos que se van adaptando al compás de los signos de nuestro tiempo.

"Pedro se puso en pie entre los hermanos reunidos en *Ecclesia*"

El primer documento es la continuación del ya mencionado de las primeras asambleas o reuniones, sínodos o "ecclesias" de la comunidad de Jerusalén. El texto hace referencia a la elección de un nuevo apóstol (san Matías), de la cual podríamos decir que fue la primera elección de un obispo mediante sufragio común (de todos los asistentes). Recordaremos que estaban presentes María, madre de Jesús, los once apóstoles y también mujeres y familiares de Jesús, y podríamos decir que todos eligieron (o hoy diríamos que votaron) a unas personas concretas. El texto dice: *Pedro se puso de pie en medio de los creyentes* [en sínodo], *que eran un grupo como de ciento veinte personas, y dijo: "Hermanos, tenía que cumplirse la Escritura que, por boca de David, había predicho el Espíritu Santo en cuanto a Judas, el que sirvió de guía a los que arrestaron a Jesús. Judas se contaba entre los nuestros y participaba en este ministerio". (Con el dinero que obtuvo por su crimen, Judas compró un terreno; allí cayó de cabeza, se reventó y se derramaron sus entrañas. Todos en Jerusalén se enteraron de ello, así que aquel terreno fue llamado 'Acéldama', que en su propio idioma quiere decir "Campo de Sangre".) Porque en el libro de los Salmos — continuó Pedro—, está escrito: "Que su campamento quede desierto y que nadie habite en él". También está escrito: "Que otro se haga cargo de su oficio". Por tanto, es preciso que se una a nosotros uno de los que nos acompañaban todo el tiempo que el Señor Jesús vivió entre nosotros, desde que Juan bautizaba hasta el día en que Jesús fue tomado de entre nosotros y recibido en las alturas. Es necesario que uno de ellos sea junto a nosotros testigo de la resurrección».* *Así que propusieron a dos: a José, llamado Barsabás, apodado el Justo, y a Matías. Y oraron así: «Señor, tú que conoces el corazón de todos, muéstranos a cuál de estos dos has elegido para que se haga cargo del servicio apostólico que Judas dejó para irse al lugar que le correspondía. Luego echaron suertes y la elección recayó en Matías; así que él fue reconocido junto con los once apóstoles» (Hechos 1:15-26).* Hemos visto aquí el sistema que utilizaron por elección y no por designación directa, hecha por uno solo o por un número restringido. El sistema que seguía la primera comunidad cristiana era participativo entre todos los asistentes (*caminaban juntos*).

Las elecciones en los ministerios de la Iglesia primitiva

La participación de toda la comunidad en la elección de los ministerios en aquella época queda patente en otros documentos que encontramos, como pueden ser las cartas de los apóstoles y los mismos *Hechos de los apóstoles*. Así, en la carta de San Pablo a Timoteo (3, 1-12) nos dice: *Palabra fiel es esta: Si alguno aspira al cargo de obispo, buena obra desea hacer. Un obispo debe ser, pues, irreprochable, marido de una sola mujer, sobrio, prudente, de conducta decorosa, hospitalario, apto para enseñar, no dado a la bebida, no pendenciero, sino amable, no contencioso, no avaricioso. Que gobierne bien su casa, teniendo a sus hijos sujetos con toda dignidad (pues si un hombre no sabe cómo gobernar su propia casa, ¿cómo podrá cuidar de la iglesia de Dios?); no un recién convertido, no sea que se envanezca y caiga en la condenación en que cayó el diablo. Debe gozar también de una buena reputación entre los de afuera de la iglesia, para que no caiga en descrédito y en el lazo del diablo.*

De la misma manera, también los diáconos deben ser dignos, de una sola palabra, no dados al mucho vino, ni amantes de ganancias des-

honestas, sino guardando el misterio de la fe con limpia conciencia. Que también estos sean sometidos a prueba primero, y si son irreprensibles, que entonces sirvan como diáconos. De igual manera, si son mujeres deben ser dignas, no calumniadoras, sino sobrias, de toda confianza. Que los diáconos sean maridos de una sola mujer, y que gobiernen bien sus hijos y sus propias casas. Pues los que han servido bien como diáconos obtienen para sí una posición honrosa y gran confianza en la fe que es en Cristo Jesús. Aquí no aparece el celibato.

El obispo electo que sea bien visto por Dios y por los hombres y mujeres de la comunidad cristiana

Cabe destacar del texto anterior la participación en la elección del parecer de toda la comunidad, y que el elegido debe tener buena fama entre los cristianos, y posiblemente también entre los no cristianos. Este principio será repetido por san Oleguer. O sea, se determina la principal condición que se necesita para ser obispo, y dice textualmente: "El candidato a ser elegido debe ser bien visto por Dios y por los hombres a los que pastoreará". Difícilmente podrá ser elegido obispo quien no sea "bien visto" por sus feligreses.

También cabe destacar del texto que hemos presentado la existencia de las diaconisas. Por otro lado, sabemos que san Pablo en sus cartas cita a unas 10 colaboradoras suyas, posiblemente diaconisas; no es correcto, pues, excluir en este ámbito la presencia de las mujeres.

"Vuestro obispo es como si fuera el mismo Jesucristo"

Es cierto que podríamos aportar muchos otros documentos que indican las cualidades de quien es elegible para los ministerios de las comunidades de la Iglesia primitiva, pero no podemos dejar de mencionar la siguiente carta de san Ignacio de Antioquía obispo y mártir a los cristianos de Tralles. Dice: *Ignacio, llamado también portador de Dios, a la iglesia santa que está en Tralles de Asia, amada por Dios, Padre de Jesucristo, elegida y digna de Dios, pacificada en carne y espíritu por la pasión de Jesucristo, nuestra esperanza en la resurrección en El: la saludo en la plenitud, a la manera apostólica, y le deseo la más grande gracia.*

He sabido que tenéis una menta irreprochable e inconmovible en la paciencia, no por uso sino por naturaleza, como me mostró Polibio, vuestro obispo, que vino a Esmirna por voluntad de Dios y de Jesucristo, y de tal modo se alegró conmigo, encadenado en Cristo Jesús, que he contemplado en él a toda vuestra comunidad. Mas habiendo recibido por él benevolencia según Dios, di gloria, al hallaros, como sabía, imitadores de Dios.

Porque cuando os sometéis al obispo como Jesucristo, me mostráis que no vivís al estilo humano sino conforme a Jesucristo, que murió por nosotros para que, creyendo en su muerte, escapéis del morir. Es, pues, necesario -como hacéis- que no realicéis nada sin el obispo, sino que os sometáis también al presbiterio como a los apóstoles de Jesucristo, nuestra esperanza, en quien hemos de encontrarnos en la vida. Es preciso también que los diáconos siendo ministros de los misterios de Jesucristo, agraden a todos de todos los modos. Porque no son diáconos de comidas y bebidas, sino servidores de la iglesia de Dios. Conviene, por tanto, que se guarden de acusaciones, como del fuego.

Igualmente, que todos reverencien a los diáconos como a Jesucristo, como también al obispo que es figura del Padre, a los presbíteros como senado de Dios y como asamblea de los apóstoles; sin éstos no se puede llamar Iglesia.

[...] El que hace algo sin el obispo, el presbítero y los diáconos, ese no es puro en la conciencia. No es que sepa que esto sucede entre vosotros, sino que quiero poneros en guardia siendo amados mios...

Los primeros cristianos tienen fe exuberante incluso dando su propia sangre

Para tener una visión más completa de cómo eran las comunidades cristianas de la iglesia primitiva, añadimos el testimonio de un no cristiano; más aún, de un gobernador pagano de Bitinia (actual Turquía) que mandó martirizar a muchos cristianos, de los que no excluía a ancianos ni jóvenes (hombres y mujeres), por el mero hecho de ser cristianos. Todos ellos eran condenados y ajusticiados con terribles suplicios. Sin embargo, parece ser que tenía muchos escrúpulos y por eso consulta al emperador Trajano qué puede hacer y si es necesario tener en cuenta la edad u otras consideraciones. Este joven gobernador de la famosa familia romana de los Plinios no quiere que su fulgurante carrera se vea truncada y teme el enfado del emperador; por eso explica todo lo que él hace a favor del culto de los dioses y cómo, en la práctica, ha asesinado a muchos cristianos. En este documento -o sea, en esta carta al emperador romano de la segunda década del siglo II- se nos explica con todo lujo de detalles qué hacen los cristianos al amanecer entre el sábado por la noche y la madrugada de domingo: se reúnen para celebrar la Eucaristía (la fracción del pan, la Santa Misa). Es curioso que todas estas noticias Plinio el joven las conoce precisamente gracias a que fueron encarceladas dos diaconisas, que se presentaron como participantes activas en las celebraciones y en parte de la dirección de los cristianos, ya que las diaconisas tenían un papel muy importante dentro de aquellas comunidades o asambleas ("ecclesia") cristianas. Posteriormente, se dio la respuesta del emperador. Él renueva o reafirma la "ley" de Nerón: "hay que matar a los cristianos por el mero hecho de ser cristianos"; "siempre, si se demuestra que son cristianos, hay que matarlos, no puede haber ninguna excepción". Damos, pues, completa la traducción de esta importante carta:

"G. Plinio a Trajano emperador"

"Es costumbre para mí, mi señor, consultarte acerca de todas las cosas sobre las que dudo. ¿Quién, en efecto, puede guiar mejor mi irresolución o instruirme en lo que no sé? Jamás he participado en los procesos contra los cristianos: por ello, desconozco qué suele castigarse o perseguirse y hasta qué punto. Y no he dudado poco si acaso

se hace alguna distinción de edad o, por tiernos que sean, en nada difieren de los más robustos; si hay perdón para el arrepentimiento, o si el que fue completamente cristiano no obtiene alguna ventaja al haber dejado de serlo. Si se castiga el mero hecho de llamarse cristiano, en caso de que no se hayan cometido delitos, o si se castigan los delitos asociados a tal nombre.

Entretanto, esta es la norma que he seguido para con aquellos que hasta mí han sido traídos como cristianos. A ellos mismos les pregunté si eran o no cristianos. A quienes confesaron que sí les pregunté una segunda y una tercera vez, con la amenaza de suplicio; ordené que se ejecutara a los que perseveraban. Yo no dudaba, en efecto, de que, al margen de lo que confesaran, debía castigarse la pertinacia y la obstinación cerrada. Hubo otros de similar desvarío a los que apunté para que fueran enviados a Roma, ya que eran ciudadanos romanos. Poco después, como suele ocurrir, al extenderse la acusación por causa del mismo proceso, se dieron situaciones variadas.

Se hizo público un libro anónimo que contenía los nombres de muchas personas. Quienes negaban que eran cristianos o que lo hubieran sido, una vez que por medio de una fórmula mía imploraron a los dioses y suplicaron con incienso y vino a una imagen tuya que había ordenado colocar para este cometido, junto a unas figuras de los dioses, y una vez que, además, blasfemaron contra Cristo, cosas que dicen que no pueden ser obligados a hacer quienes en verdad son cristianos, consideré que podía dejarlos libres.

Otros, nombrados por un delator, declararon que eran cristianos y poco después lo negaron; dijeron que lo habían sido ciertamente, pero que habían dejado de serlo, algunos hacía ya tres años, otros ya muchos años antes, alguno incluso veinte. Asimismo, todos ellos adoraron una imagen tuya y las figuras de los dioses y, además, blasfemaron contra Cristo.

Aseguraban, asimismo, que toda su culpa o su error no había sido más, según ellos, que haber tenido por costumbre reunirse un día se-

ñalado antes del amanecer, cantar entre ellos, de manera alterna, en alabanza a Cristo como si fuera un dios, y comprometerse mediante juramento no a delinquir, ni a no robar, ni cometer pillajes ni adulterios, a no faltar a su palabra ni negarse a devolver su depósito cuando se les reclamara. También decían que, una vez realizados estos ritos, tenían por costumbre separarse y reunirse de nuevo para tomar el alimento, totalmente corriente e inocuo, pero que dejaron de hacerlo tras mi edicto, por el cual, según tus mandatos, había prohibido que hubiera asociaciones. Así pues, creí aún más necesario inquirir también, mediante el tormento de dos esclavas que eran llamadas "ministras", qué había de verdad. No encontré ninguna otra cosa más que una superstición depravada y desmesurada.

Por ello, aplazada la indagación, me he apresurado a consultarte. A mí me parece que se trata de una cuestión digna de consulta, sobre todo a causa del número de personas que corren peligro (de ser juzgadas). Hay mucha gente, en efecto, de todas las edades, de todas las condiciones y de ambos sexos incluso que son llamados a juicio y seguirán siendo llamados. Y el contagio de esta superstición no se ha extendido tan sólo por las ciudades, sino también por las aldeas y los campos; aun así, parece que puede detenerse y corregirse. Sin embargo, hay suficiente constancia de que los templos, casi ya abandonados, han comenzado a frecuentarse, y que se vuelven a celebrar los sacrificios rituales, hace tiempo interrumpidos, y que se vende por todas partes la carne de las víctimas, para la que hasta ahora no se encontraban sino escasísimos compradores. De esto es fácil deducir qué cantidad de personas podría enmendarse si hubiera lugar para el arrepentimiento. Firma Plinio el Joven.

Para el cristiano de la Iglesia primitiva: "Toda tierra extraña es para ellos patria, y toda patria es extraña"

Como complemento de los documentos anteriores no podemos dejar de lado otro testimonio de cómo actuaron los cristianos de esta iglesia primitiva, especialmente en sus relaciones con la sociedad y sus conciudadanos. Se dice explícitamente que para los cristianos "toda tierra extraña es patria y que toda patria es para ellos tierra extraña". Obviamente cuando un cristiano va a un país, por más que sea un país pagano, si hay un grupo de cristianos, por el mero hecho de poder participar con ellos en asamblea eucarística, esa tierra se convierte para él en patria y se encuentra en su casa. Pero también es cierto que el cristiano es un peregrino que se dirige a su auténtica patria que no es otro lugar que el cielo.

También el documento que glosamos insiste en que el cristiano participa en todo en la sociedad, y que él debe ser el primer ciudadano en cumplir los deberes de la sociedad. Los cristianos lo tienen todo en común, por ejemplo: "la mesa les es común, pero no la cama". El testimonio documental que presentamos a continuación se llama "carta a Diogneto", pero no porque este personaje fuera el autor, sino porque fue el receptor de la carta. No sabemos quién era el autor, sin embargo es aceptada como auténtica, como un documento muy importante del siglo II.

Presentamos unos fragmentos del texto. Cabe señalar que la "carta a Diogneto" se manifiesta muy espiritual. Probablemente sea la mejor obra de los autores llamados apologistas. Buena prueba de ello son los siguientes fragmentos:

¿Cómo son los cristianos?

Los cristianos no se distinguen de los demás hombres, ni por el lugar en que viven, ni por su lenguaje, ni por sus costumbres. Ellos, en efecto, no tienen ciudades propias, ni utilizan un hablar insólito, ni llevan un género de vida distinto. Su sistema doctrinal no ha sido inventado gracias al talento y especulación de hombres estudiosos, ni profesan, como otros, una enseñanza basada en autoridad de hombres.

Viven en ciudades griegas y bárbaras, según les cupo en suerte, siguen las costumbres de los habitantes del país, tanto en el vestir como en todo su estilo de vida y, sin embargo, dan muestras de un tenor de vida admirable y, a juicio de todos, increíble. Habitan en su propia patria, pero como forasteros; toman parte en todo como ciudadanos, pero lo soportan todo como extranjeros; toda tierra extraña es patria para ellos, pero están en toda patria como en tierra extraña. Igual que todos, se casan y engendran hijos, pero no se deshacen de los hijos que conciben. Tienen la mesa en común, pero no el lecho.

Viven en la carne, pero no según la carne. Viven en la tierra, pero su ciudadanía está en el Cielo. Obedecen las leyes establecidas, y con su modo de vivir superan estas leyes. Aman a todos, y todos los persiguen. Se los condena sin conocerlos. Se les da muerte, y con ello reciben la vida. Son pobres, y enriquecen a muchos; carecen de todo, y abundan en todo. Sufren la deshonra, y ello les sirve de gloria; sufren detrimento en su fama, y ello atestigua su justicia. Son maldecidos, y bendicen; son tratados con ignominia, y ellos, a cambio, devuelven honor. Hacen el bien, y son castigados como malhechores; y, al ser castigados a muerte, se alegran como si se les diera la vida. Los judíos los combaten como a extraños y los gentiles los persiguen, y, sin embargo, los mismos que los aborrecen no saben explicar el motivo de su enemistad.

Para decirlo en pocas palabras: los cristianos son en el mundo lo que el alma es en el cuerpo. El alma, en efecto, se halla esparcida por todos los miembros del cuerpo; así también los cristianos se encuentran dispersos por todas las ciudades del mundo. El alma habita en el cuerpo, pero no procede del cuerpo; los cristianos viven en el mundo, pero no son del mundo. El alma invisible está encerrada en la cárcel del cuerpo visible; los cristianos viven visiblemente en el mundo, pero su religión es invisible.

¿Existen cambios y evoluciones en la historia de la Iglesia?

De estos episodios, perfectamente documentados en nuestros archivos, es necesario que tengamos un conocimiento adecuado y que sean explicados con claridad, ya que demuestran que en algunos aspectos la Iglesia ha evolucionado. Es necesario que los estudiosos descubran y distingan en la Iglesia los elementos permanentes y los que son variables. Incluso es posible que en algunos momentos se hayan dado caminos incorrectos, y si amamos la Iglesia, estos caminos incorrectos habrá que cambiarlos de rumbo.

No se puede negar que se ha producido una evolución en algunos campos, eso es algo totalmente obvio. Miremos, por ejemplo, cómo era antes la elección de los obispos; comparemos el documento anteriormente mencionado con el que presentamos a continuación sobre la designación de un arzobispo de Hungría; en este caso ya no se hace como se hacía antes (con concurso del pueblo cristiano y el clero del lugar, de la diócesis, y con la conformidad y examen del candidato por los obispos vecinos, presididos por el arzobispo metropolitano), sino con la directa y exclusiva designación del Papa, que entrega al candidato el palio (insignia de poder supra-episcopal). Precisamente, gracias a este palio el arzobispo podrá ordenar a sus sufragáneos y presidir la provincia eclesiástica con sus sínodos. Esta evolución llegará al extremo de que el nuevo arzobispo deberá viajar personalmente a Roma a jurar fidelidad al mismo Papa y a recibir el palio. Tanto es así, que dentro del juramento se le añadía la obligación de ir a la guerra y tomar las armas ("caballos firmes") si el Papa le obligaba. El nuevo arzobispo se convertía prácticamente en vasallo del Papa, y al mismo tiempo el nuevo arzobispo intentará hacer lo mismo con sus obispos sufragáneos. Así se establece la pirámide de vasallajes medievales eclesiásticos.

El documento auténtico (traducido) del siglo XII, dice textualmente:

"Pascual II obispo, siervo de los siervos de Dios, a N. Arzobispo de los polacos (que están en Hungría): Me has dado a entender, queridísimo hermano, cómo se han sorprendido el rey y los magnates del reino de que mis delegados te dieran el palio después de haber dado tu sagrado juramento que te había propuesto. ¡Hermano mío! Con el palio se

concede la plenitud del oficio pontifical, porque, según la costumbre de la Sede Apostólica y de toda la Iglesia, antes de recibir el palio, el metropolitano no puede en modo alguno ordenar obispos, ni celebrar sínodos. Por eso el Sr. Jesucristo actuó así, en efecto es Él cuando dio el encargo a san Pedro de cuidar de todas las ovejas, puso una condición. "¿Me quieres Simón Pedro? Entonces cuida de mis ovejas". Si aquel que es autor y fundamento puso esta condición, no sólo una ni dos veces, sino hasta llegar a entristecer a san Pedro, cómo no se tendría que poner toda la solicitud al tratarse de la provisión de una iglesia tan importante, al tener que confiar el cuidado de las ovejas de Cristo a unos hermanos que tienen unas conciencias que el Papa no llega a conocer (por eso se hacen juramentos)".

Temas propuestos por el papa Francisco: sínodo, intercultura y celibato

Obviamente observamos cambios en la historia de las instituciones de la Iglesia. Si comparamos aquella elección de san Matías con el anterior documento de Pascual II, las diferencias son notables. Creemos que en los tiempos que vivimos, y especialmente después de las propuestas que nos hace constantemente el actual papa Francisco (a. 2024), es necesario que el historiador investigue estas evoluciones poniendo una mirada en los primeros siglos de la Iglesia y descubriendo cuál era la creencia de los primeros cristianos, tan vinculados a los apóstoles y éstos al propio Jesucristo.

Los temas propuestos a revisar (para mejorarlos) por el Papa son: la sinodalidad como colaboración verdadera entre el Papa y los obispos, entre obispos y presbíteros y diáconos, entre presbíteros, diáconos y seglares (sin excluir como por desgracia antes se ha hecho a las mujeres), y la posible revisión de la ley sobre el celibato. Brevemente se puede sintetizar el estado de la cuestión con estos tres temas que son el triple impulso del Papa que ayuda a mover a la Iglesia católica actual: 1- Evangelización y sinodalidad ("caminemos juntos").

2- Evangelización e interculturización. 3- Colegialidad y papado.

Nosotros los archiveros e historiadores de la Iglesia debemos presentar documentos de cómo eran anteriormente estas instituciones eclesiásticas y cómo actuaban para ver si es necesario mejorar o cambiar algo. Queremos andar juntos en estos momentos trascendentales de la Iglesia Católica.

IGLESIA PETRINA Y SINODAL

Colegialidad episcopal y primado

Hace ya once años (30-VI-2013) el papa Francisco declaró que él deseaba que "nuestra Iglesia fuera sinodal", es decir, más participativa; que sus obispos con él ejercieran una colegialidad efectiva, y para lograr ese propósito había que tener una gran dosis de transparencia.

Hoy en día en la Iglesia existen dos posturas que parecen antagónicas -pero que no lo son-: el denominado centralismo romano y la renovada pero débil colegialidad episcopal. Se buscan fórmulas históricamente válidas y en parte nuevas con las cuales se puedan sincronizar los dos principios -ambos teológicamente innegables-, o sea la comunión vivificante del primado del sucesor de san Pedro (o el "ministerio petrino"), y la plena corresponsabilidad eclesial del colegio de obispos presidido por el Papa. Los papas actuales Francisco, Benedicto XVI, S. Juan Pablo II y S. Pablo VI se han referido muy a menudo a la colegialidad en encuentros que se realizan con los obispos, cardenales, sacerdotes e incluso con seglares. ¡Todos debemos caminar juntos! Y todos estamos llamados a participar y colaborar con nuestra Iglesia y entre nosotros ("todos y todas"): participación efectiva y sinodal de la propia Iglesia.

Existen varios elementos de esta doble realidad eclesial: el primado papal (ministerio petrino) y la colegialidad episcopal y sinodal. Precisamente en la celebración del sínodo de octubre de 2023 se invitó a muchos seglares y a 54 mujeres, además de a simples sacerdotes. Todos ellos pudieron votar en las conclusiones finales. Debemos observar que existen elementos, estamentos e instituciones que son esenciales, constitutivos, invariables... (primado, colegialidad, ministerio petrino, Asamblea Santa, Pueblo sacerdotal, Pueblo de Dios...). Estos elementos no deberían ser antagónicos. El mismo Jesucristo quiso que exista una Iglesia presidida por Pedro ("Tu es Petrus et super..."): "A ti te voy a dar las llaves...", y también quiere que los apóstoles y sus sucesores los obispos sean enviados a fundar iglesias en todo el mundo: "recibireis poder cuando el Espíritu Santo venga sobre vosotros; y sereis mis testigos en Jerusalén, en toda Judea y Samaria, y hasta los confines de la tierra" (*Hechos de los apóstoles* 1,8).

A través del tiempo, la Iglesia ha cumplido la colegialidad episcopal (o sinodal) y el primado (o ministerio petrino); pero sería absurdo e históricamente inaceptable negar que en algunas épocas ha tenido más peso un elemento sobre el otro. Así, por ejemplo, en el régimen eclesial que imperó en Occidente desde el inicio de la organización eclesiástica en las diócesis o obispados hasta el siglo XII, con la "reforma gregoriana", predominó la colegialidad y el ejercicio sinodal. Recordemos, por ejemplo, cómo se elogia a los obispos en este período. Había más participación del clero de la diócesis y del Pueblo de Dios con un examen y control del sínodo provincial de los obispos de la provincia metropolitana. El Papa normalmente no intervenía, a no ser si era elegido un metropolitano o arzobispo para la concesión del palio; pero esta costumbre (o ley de recibir el palio del Papa) empezó en el siglo V y se reforzó en tiempos de la "reforma gregoriana". Pero es necesario advertir que los soberanos (reyes, condes...) quisieron intervenir en el nombramiento de los obispos ya en la época de los sucesores de Constantino. Decían que eran "la verdadera voz del Pueblo de Dios". Esta intervención llegaría con formas distintas hasta el siglo XX. Recordamos todavía la intervención del general Franco en la designación de obispos en España en pleno siglo XX.

Los metropolitanos y los sínodos

Las iglesias de Occidente y Oriente, hasta el siglo XII, estaban organizadas en su día a día fundamentalmente bajo la figura del obispo metropolitano. El jefe de la provincia eclesiástica -el metropolitano- ordenaba e inspeccionaba a los obispos sufragáneos, convocaba y presidía sínodos o concilios, recibía apelaciones, vigilaba la administración de las diócesis vacantes de su provincia, recibía la profesión y juramento de fe de los obispos electos sufragáneos -requisito previo a la ordenación episcopal-, inspeccionaba la elección de estos obispos, intervenía en algunos casos (como en las provincias de Narbona y Tarragona) en la presentación de candidatos para la elección de obispos... Ejercía, pues, funciones amplias, la mayoría de las cuales hoy están reservadas al Papa.

El metropolitano era el poseedor de esos derechos metropolitanos y el presidente del sínodo episcopal o concilio de la provincia eclesiástica. Esta institución (el sínodo) también podía tomar decisiones de gran trascendencia en la vida de la Iglesia. Podía, por ejemplo, erigir nuevas diócesis, tomaba parte decisiva en la confirmación del nombramiento de los obispos, permitía —incluso en casos muy especiales y sin que fuera en perjuicio de las diócesis vecinas— desmembrar una región en varias diócesis, trasladar a un obispo de una diócesis a otra, aunque en algunas épocas esto último estuviera totalmente prohibido. En el sínodo se trataban colegialmente temas relacionados con la pastoral de las diócesis, el ministerio propio de los sacerdotes... El concilio provincial o sínodo juzgaba no sólo a los fieles, sino también a los sacerdotes y obispos de la provincia. Incluso podía deponer a los obispos sin avisar a Roma... Al amparo de las atribuciones del metropolitano y del sínodo provincial, se estructuraba la vida eclesial. Este régimen estaba basado en el principio teológico y jurídico de la colegialidad de los obispos. Era autónomo y no precisaba de la intervención inmediata del Papa o de su curia. Sin embargo, el obispo de Roma -reconocido como principio supremo de comunión eclesial y patriarca de Occidente- ejercía en casos especiales un arbitraje inapelable.

El derecho y función de ordenar a los obispos sufragáneos era el más importante del cúmulo de derechos denominados "metropolitanos". Algo parecido sucedía con el derecho de bendecir a los abades; este último derecho del obispo equivalía a que se le reconociera el dominio sobre el monasterio al que pertenecía el abad. En los primeros siglos de la historia de la Iglesia era inconcebible que el Papa diera a un metropolitano la prerrogativa de ordenar a sus obispos sufragáneos. Este derecho -que, como hemos indicado equivalía a una especie de jurisdicción sobre la diócesis a la que pertenecía el obispo consagrado- procedía de la misma condición o rango metropolitano, por ser el arzobispo el jefe de la provincia. Sin intervención o autorización directa del Papa —aunque siempre en comunión con él— el obispo metropolita, según los cánones, ordenaba, conjuntamente con otros dos obispos de la provincia, el elegido por el pueblo y el clero. Efectuada la ordenación, se notificaba con la epístola sinódica el nombre del nuevo obispo, tanto a los metropolitanos vecinos, como en algunos casos al propio Papa. Se señalaba también que la fe profesada y jurada antes de la ordenación por el nuevo obispo coincidía con la profesada por el obispo de Roma. Hasta aquí, ésta era la práctica canónica seguida por la Iglesia en los primeros siglos y el primer milenio.

Antes del siglo XI, como hemos indicado, el Papa no intervenía directamente, no se reservaba el derecho a nombrar a los obispos; simplemente podía confirmar la elección que se realizaba en la correspondiente provincia eclesiástica.

San Agustín de Canterbury y los palios

El primer documento papal donde el obispo de Roma otorga esta importante función de ordenar a los obispos sufragáneos, es el privilegio *Cum certum sit* (22 de junio de 601), dirigido a san Agustín de Canterbury. Éste forma parte de los numerosos privilegios denominados "de concesión" papal del palio. Junto con la concesión de esta insignia, el Papa otorga a san Agustín el derecho de ordenar a los obispos sufragáneos. La actuación del Papa penetra en el corazón mismo de la estructura primitiva eclesial, o sea, la metropolitana o sinodal. Ciertamente, el Papa justifica esta —podríamos decir— intromisión, y los motivos aducidos son la negligencia de los obispos metropolitanos de las Galias, que no se atreven a fundar una nueva iglesia: la inglesa.

Sin embargo, la misión agustiniana fue un éxito y poco a poco todas las demás provincias metropolitanas de la iglesia latina dependerían del Papa a la hora de constituir y confirmar un arzobispo o metropolitano honrándole siempre con el palio: insignia de poder y honor supraepiscopales, con todas las prerrogativas o derechos metropolitanos, que irán evolucionando de forma lenta pero eficaz pasando a manos del Papa, que será el único que constituirá, confirmará y ratificará la elección de todos los metropolitanos de la Iglesia Occidental. La estructura metropolitana-sinodal pasa así a depender totalmente del Papa. Esta evolución se inició en el año 601 y finalizaría —cristalizándose en estructura primacial o papal— después de los últimos papas de la Reforma gregoriana, es decir a mediados del siglo XII. En los últimos documentos papales se dice explícitamente: "...y [al nuevo metropolita] concedemos, por autoridad del beato Pedro y la nuestra propia, la licencia y la potestad de consagrar obispos". Desde ese momento (después de la Reforma Gregoriana) la potestad de ordenar obispos está en manos del Papa, que benignamente concede a los nuevos metropolitanos —tras un riguroso examen de su fe— ejercer dicho derecho, el que antes de esta interesante evolución tenían los arzobispos por el mero hecho de ser obispos metropolitanos, sin otra mediación. ¡Qué gran cambio!

En las denominadas Decretales del Pseudo Isidoro, en la falsa carta atribuida a san Clemente I papa, se afirma que el obispo de Roma, no pudiendo regir todas las iglesias, envió arzobispos y obispos a las ciudades para gobernar en su nombre las iglesias que en un principio le fueron encomendadas a él. Es decir, en un principio (según esta carta) existía en la Iglesia un único pastor y responsable en la Iglesia, y se señala que se llegó al convencimiento de que la creación de arzobispos se debía exclusivamente al Papa. Aunque esta carta de Clemente I es una falsificación, fue aceptada durante muchos siglos como auténtica. De ahí se comprende la actuación centralizadora de algunos papas. Pero también debemos constatar un lento proceso histórico que va de la confirmación de la elección de los nuevos candidatos a arzobispos, hasta el juramento de fidelidad que el Papa impone a estos nuevos arzobispos o metropolitanos.

La confirmación papal de un electo metropolitano -especialmente en elecciones conflictivas- era frecuente en los siglos VI-VII. Esta intervención papal suponía el reconocimiento del primado romano. Sin embargo, si exceptuamos a san Agustín y sus sucesores, la confirmación papal de los metropolitanos era simplemente una garantía de la validez canónica de la ordenación, y en los casos conflictivos en las elecciones dobles el Papa daba la razón a la parte más justa según su criterio. Pero en los primeros intentos de restauración de provincias eclesiásticas en el reino franco -ya a finales del siglo VIII- se constata que se va introduciendo la costumbre de que el metropolitano pida a Roma su confirmación. Lo mismo sucede —como hemos indicado— en el reino de Carlomagno y sus sucesores: en aquel tiempo, en la constitución de un arzobispo, el rey carolingio le nombraba (arzobispo) y el Papa confirmaba. En el caso de creación de nuevas provincias, el Papa erigía -junto con el emperador franco- la nueva provincia y la otorgaba al interesado.

El Papa concede el arzobispado

De finales del siglo X y principios del XI, existen varios documentos papales dignos de atención. Especialmente cabe destacar el privilegio conservado en el Archivo Capitular de Vic, escrito sobre papiro, que se pudo ver en la exposición *Millenum* celebrada en el Museo Diocesano de Barcelona en 1989. Es un documento dirigido al arzobispo Atón de Vic, en el cual se lee textualmente que "el Papa concede el arzobispado". No se trata de una simple confirmación, sino de una concesión. El Papa en esta época es consciente de que él tiene el dominio sobre la figura de los arzobispos y sobre la misma condición del metropolitano; que él, el Papa, es la fuente jurídica de la estructura sinodal y metropolitana. Desde ese preciso tiempo, el otorgamiento canónico de un "arzobispado" no procedía tanto de la elección y de la ordenación, como de la cima de la organización eclesiástica: el Papa. Según esto, se comprende que en muchos documentos papales se llegue a afirmar que los arzobispos son unos simples vicarios del Papa, que poseen una relación similar a la existente entre el arzobispo y los obispos sufragáneos, que son considerados (erróneamente) auxiliares del arzobispo.

Así queda estructurada la nueva pirámide de la organización jerárquico-eclesial. ¡Qué lejos queda de aquella organización eclesiástica primitiva, sinodal, autóctona y colegial! Es necesario reconocerlo: se ha producido un gran cambio. En los documentos de esta época también queda patente que el Papa es pastor de todas las iglesias locales, y que no pudiéndolas atender él personalmente, es necesario que sus vicarios (los arzobispos), en su nombre (del Papa), presidan sínodos y realicen todas las funciones supraepiscopales. Por eso es lógico que el Papa conceda a sus fieles vicarios tanto la insignia arzobispal como el arzobispado, con todas sus posesiones y derechos.

En el período de la Reforma gregoriana (siglos XI-XII) los arzobispos electos debían ir personalmente a Roma para ser confirmados en su cargo y para que se les concediera el arzobispado. El primer documento que nos habla de esta prescripción es el del papa Alejandro II (1063). El motivo de esta norma era, según los privilegios papales, la "cautela contra la simonía". La Reforma gregoriana intentava erradicar la costumbre, muy extendida en aquellos tiempos, de conseguir los cargos eclesiásticos mediante dinero u otras ofertas materiales, especialmente en el caso de la constitución de los metropolitanos, en los que, como contrapartida, la Santa Sede seguía unas férreas normas. Los papas reformadores podrían intervenir, asegurándose de que los nuevos arzobispos fueran propagadores de la Reforma gregoriana, tan necesaria.

Controles impuestos a los arzobispos electos. El Papa se aseguraba en los nombramientos

En este período reformador los papas no sólo exigían que el arzobispo electo enviara un legado a Roma para que jurara la profesión de fe en su nombre y recibiera el palio de manos del mismo Papa, sino que también se prescribía que el arzobispo electo fuera personalmente a Roma y se comprometiera a cumplir lo establecido en la recepción del palio. De esta forma el propio Papa podía examinar personalmente la profesión de fe y las cualidades del nuevo arzobispo. Sería lógico —afirman algunos documentos papales de la época— que el propio Papa ordenara a los obispos y no que lo hicieran tres obispos de la provincia, ya que éstos son menores en dignidad al arzobispo que los ordenan y una antigua costumbre prescribe que "el mayor debe bendecir al inferior". Según se deduce de estos documentos, corresponde al Papa no sólo confirmar y constituir metropolitanos, sino también otorgar el título de arzobispo. Y a estos se añade también el derecho papal de ordenar a los metropolitanos, ya que él (el Papa) es superior al arzobispo; sin embargo, por razones obvias de distancias y costumbres, el Papa transige magnánimamente, y puede delegar la ordenación en los obispos de la provincia. Es muy interesante el cambio de argumentación que constatamos en estos últimos documentos papales. En un principio, el Papa es muy respetuoso con los derechos de las provincias eclesiásticas, pero poco a poco, frente a la conciencia de la supremacía papal, se deforman los argumentos, apelando a principios generales como el antes expuesto ("el menor debe ser bendecido por el mayor") y se van acumulando derechos; es decir, ¡se va restringiendo el campo del ejercicio de la colegialidad episcopal y aumentando el poder papal!

Los controles que los nuevos arzobispos debían aceptar fueron cada vez más numerosos y más restrictivos, llegando incluso a determinarse que antes de la recepción del palio debían jurar obediencia feudal al Papa. Los primeros indicios de existencia del juramento de obediencia feudal, los encontramos en el pontificado de Alejandro II (1061-1073), y en éste también se incluía la obligación de ayudar al Papa en la guerra (o mejor dicho en la "milicia armada cristiana") si éste debía combatir la invasión musulmana o de los usurpadores del patrimonio de san Pedro.

Igualmente, según el texto del juramento de fidelidad al Papa, los obispos metropolitanos debían visitar periódicamente Roma. Se establece, por tanto, la obligatoriedad de la denominada visita *ad limina Apostolorum* de los metropolitanos. Antes estas obligaciones y derechos no existían.

Una vinculación tan estrecha a Roma y un control estricto de los arzobispos por parte del Papa, provocaron las protestas de aquellos que podríamos llamar partidarios del antiguo régimen colegial-autóctono y sinodal. La justificación de tan rígida vigilancia por parte del Papa, nos la expone Pascual II en una carta dirigida a los magnates de Hungría (1099-1118), que hemos presentado al principio de este estudio y que dice lo siguiente: "El sucesor de san Pedro —afirma textualmente el papa Pascual II— debe cuidar el rebaño de ovejas, de ahí la solicitud que debe tener, especialmente cuando se trata de una iglesia metropolitana. Además, -continúa Pascual II- los arzobispos electos se presentan en Roma; muchos de ellos nos son desconocidos; por eso es lógico y necesario que antes de constituirlos arzobispos juren fidelidad a la Iglesia romana y que el Papa se asegure de que el nombramiento de los mismos no esté infectado por la simonía".

Insistimos en que la razón principal por la cual el papa exigía el juramento no era tanto la exclusión de la simonía como la convicción -por parte del Papa- de que él era el único que podía constituir a los arzobispos, y por tanto imponer toda clase condiciones. Éstas eran numerosas, pero más numerosos eran -según afirman los documentos papales de esta época- los privilegios y funciones otorgadas por el Papa: ordenación de los sufragáneos, convocar y presidir sínodos, recibir apelaciones menores, vigilancia de la disciplina de la provincia, usar el palio en las ceremonias solemnes y en días preestablecidos... O sea, una muchedumbre de facultades que el Papa benignamente les concedía. Además, a estos derechos hay que añadir otros de carácter más honorífico: el *naco* (u ornamentación especial de la cabalgadura en las procesiones litúrgicas), la cruz procesional especial usada sólo por el Papa y sus legados, sentarse en el trono... Todas estas funciones, derechos y honores —muchos de los cuales el metropolita, en el régimen autóctono, sin concesión especial del Papa, ejercía o poseía antes—, el Papa ahora se las reserva y las concede al obispo metropolita que previamente le jure fidelidad. Se ha producido, un gran cambio, o si se prefiere una ruptura visible que quizás sea hora de reparar en el siglo XXI. Así parece deducirse de las actas del concilio Vaticano II.

Los metropolitanos y el auge de la devoción a san Pedro

Otro factor importante que influyó en el proceso de la supremacía papal sobre las iglesias particulares o locales de Occidente, fue la devoción a san Pedro, y de manera especial en su tumba vaticana. Desde el siglo VI el culto a san Pedro se había extendido no sólo en Italia, sino en las Galias y en Hispania. San Pedro —se señalaba en este culto, recordando las mismas palabras de Jesús— era quien podía atar y desatar, era el primero de los apóstoles, el guardián y portero del cielo. Su sepulcro era venerado en el Vaticano. En la misión de san Agustín -a la que antes nos hemos referido- se predicó y se insistió mucho en la importancia de esta devoción a Pedro. Gracias a la misma, y al gran prestigio de san Agustín de Canterbury, la isla británica fue la iglesia más vinculada al Papa. Bien puede decirse que parecía que Inglaterra fue más romana que la misma ciudad de Roma. Posiblemente, al emisario del Papa (san Agustín) se le otorgó -tras la fundación de la Iglesia de Inglaterra y la ordenación de algunos de sus sufragáneos- un peculiar vicariado papal. Así, sabemos que cambió la capital de su provincia, Londres, por la de Canterbury, una decisión de gran trascendencia en la historia eclesiástica de Inglaterra y que indica que san Agustín actuaba con las máximas atribuciones papales. Un similar vínculo con Roma y gran devoción a san Pedro constatamos en los sucesores de san Agustín, especialmente en Justo, Honorio y Teodoro de Canterbury, así como en Paulino de York, que recibieron sucesivamente concretos privilegios del Papa.

Posteriormente también los misioneros anglosajones, especialmente san Bonifacio, extendieron el culto de san Pedro por toda la geografía de la Europa de los carolingios. Cada vez más, los grandes personajes del imperio romano-francés (emperadores, reyes, magnates...), por devoción o quizá por táctica política —unión con el nuevo imperio—, peregrinaron a Roma para suplicar, después de venerar la tumba del príncipe de los apóstoles, la protección del cielo y la absolución de sus pecados. Si se trataba de pecados graves y notorios, los propios obispos acostumbraban a enviar a los culpables al Papa, ya que le atribuían un juicio más seguro, o al menos de mayor autoridad. Sin embargo, no debe interpretarse esta costumbre como si se tratara de pecados reservados al Papa. Pero sí se le consideraba como la suprema autoridad eclesial, primado universal y patriarca de Occidente.

A Roma acudían, ya en el siglo VII, los metropolitanos para recibir la confirmación del rango de arzobispo. Si no podían realizar el viaje, enviaban -como hemos señalado anteriormente- a sus delegados. En Roma se controlaba minuciosamente la profesión de fe jurada por los arzobispos electos. En ocasiones, antes de dar el dictamen, este examen duraba varios meses. Si la fe expresada y jurada por el neo-metropolita coincidía con la profesada por Roma, se le otorgaba el palio, insignia de poder supraepiscopal. Esta insignia está -todavía hoy- especialmente vinculada a la devoción de san Pedro. Efectivamente, los palios -bendecidos en la fiesta de san Pedro- son custodiados junto al recinto reservado en la tumba de san Pedro, para indicar que la autoridad que los metropolitanos ejercen deriva de la delegación otorgada por el vicario de Pedro.

Para recibir el palio se exigía un tributo en dinero como donación a san Pedro. A finales del siglo X -y durante el siglo XI- la cantidad exigida era tan abusiva que era motivo de graves protestas contra el Papa, al que incluso se le consideró simoníaco. Todos los obispos y sacerdotes de la Isla británica escribieron al papa Benedicto VIII, en 1017, quejándose de la cantidad que se les exigía para la confirmación de los arzobispos de Canterbury y York: "Existe —afirman— un precepto de nuestro Salvador en el que se dice: 'lo que habéis recibido gratis, dadlo también gratuitamente'. El mismo apóstol Pedro le decía a Simón: 'Tu dinero será para ti la perdición'. Esta sentencia —dicen— puede aplicarse al Papa por el precio abusivo que exige a los nuevos arzobispos".

Canonización de los santos

A pesar de tan graves acusaciones, la devoción a san Pedro —siempre en auge— vinculó tan fuertemente a las iglesias de Occidente en Roma, que éstas quedaron bastante desarticuladas de su antigua organización sinodal y metropolitana, convirtiéndose el Papa en la principal fuente jurídica de derechos y el árbitro del derecho eclesiástico.

Otro factor basado en la devoción a san Pedro que contribuyó de manera eficaz a la evolución histórica hacia el aumento de la supremacía papal, fue la canonización de los santos. Hasta el siglo XIII no era una prerrogativa exclusiva de los papas, sino que tanto los sínodos como los obispos -con el consentimiento de toda la iglesia local-, elevaban a santos al honor de los altares. Pero en el año 993, durante un sínodo romano, fue canonizado por el papa Juan XV un obispo que no era de la provincia eclesiástica de Roma. Éste fue san Ulrico, obispo de Augsburgo. Esta innovación papal tendrá en la vida de la Iglesia una amplia repercusión. Muchos obispos y sínodos, devotos de san Pedro, pedirán que el Papa, como sucesor y vicario de san Pedro, canonice a sus santos. Especialmente lo pedirán las iglesias y provincias poco organizadas eclesiásticamente y que estaban todavía bajo el régimen de misiones de influencia romana. Éstas prescinden del derecho que tenían a canonizar a sus santos para que Roma —primado universal de la Iglesia y la sede de mayor prestigio—, con gran fiesta y honor, los canonice.

Pocos años después de la canonización de san Ulrico, Juan XVIII elevaba al honor de los altares a san Marçal de Limoges. Un sucesor suyo, Benedicto IX, canonizó a san Simeón de Siracusa. Y así se va introduciendo lentamente la costumbre por toda la Iglesia de Occidente, hasta que el papa Inocencio III (1208) reservó en la Santa Sede el derecho de canonizar. Este derecho fue ratificado en las decretales de Gregorio IX (1234).

Con la exención de los monasterios y de algunos obispados llegó también el centralismo romano y se disminuyó el régimen sinodal

El poder político que el papado logró después de la Reforma gregoriana, se extiende no sólo en la estructura metropolitana, sino también en los monasterios y en algunas diócesis exentas. Aquí también se produce una peculiar evolución. Cuando se habla de monasterios, se habla mucho de la exención eclesiástica dada por el Papa.

El ejemplo de la exención -o sea, dependientes de los papas y no de los obispos locales- se extendió también en algunas diócesis peculiares. El caso más significativo es el de la diócesis de Bamberg. En 1046 fue elegido Papa —después del famoso sínodo de Sutri— el obispo de Bamberg, Suitger, con el nombre de Clemente II. El nuevo Papa otorgó a su antigua diócesis amplios privilegios y el propio emperador Enrique II determinó que la diócesis de Bamberg fuera unida a la romana con unos lazos típicamente feudales, o sea, con la relación de *"mundiburdium"*. Por este motivo, se producirían algunas rencillas entre los obispos de Bamberg y la sede metropolitana de Maguncia. Aquellos afirmaban que no sólo en el orden temporal dependían de Roma directamente, sino aun en el orden jurisdiccional, no reconociendo otra autoridad inmediata superior que la del Papa.

En la Península ibérica también se dan casos de diócesis exentas durante y después de la Reforma gregoriana, y por tanto dependientes directamente de Roma. Son los siguientes obispados: Compostela en 1095, Burgos en 1096, León en 1104, Oviedo en 1105, Besalú (Cataluña) en 1020, Cartagena en 1225 y Mallorca en el año 1232.

El derecho canónico y el papado

La Reforma gregoriana supuso no sólo "la guerra de las investiduras", sino también una lucha de derechos. Era preciso, por parte de la Iglesia en su reivindicación de la "libertas Ecclesiae", en contra de las pretensiones de los señores laicos, investigar las fuentes del derecho eclesiástico. Para ello se estudiaron los derechos o preceptos incluidos en los "Ordines Romani" en el "Liber Diurnus", en los registros de los documentos papales, en las actas de los concilios, en el derecho Justiniano, en los privilegios imperiales y especialmente en las más importantes colecciones canónicas: la "Hispana"(633-638) y la del "Pseudo Isidoro"(847-852). Esta última tiene un peculiar interés en la evolución histórica de la ruptura del antiguo régimen eclesial, basado en la figura del metropolitano y de su sínodo. Las "Falsas Decretales del Pseudo-Isidoro" —atribuidas falsamente a san Isidoro de Sevilla y probablemente elaboradas en la provincia eclesiástica de Reims— son una amalgama de los denominados "cánones de los apóstoles", concilios, cartas y privilegios que van desde el papa san Clemente I hasta las capitulares de principios del siglo IX. La mezcla de lo verdadero y lo falso es magistral, de tal modo que la colección pseudo-isidoriana gozó de una rápida y fácil acogida, precisándose muchos siglos en la historia de la Iglesia católica para que se distinguiera lo auténtico de lo falso. Los autores de la mencionada colección no inventaron una ideología, sino unos decretos, costumbres o leyes que sirvieron de base histórica a la ideología. Es un proceso similar al que hemos constatado anteriormente al tratar los privilegios de los papas.

Restringir las funciones de los metropolitanos era el intento oculto pero real de los falsarios, además de lo que ellos mismos exponen textualmente: "la reforma del clero y de la Iglesia". En doble sentido fueron disminuidos los derechos metropolitanos (es decir, en relación con Roma), haciendo destacar en ocasiones hasta la exageración la autoridad con la supremacía papal en relación con los obispos sufragáneos, dificultando todo lo posible los tradicionales trámites de los sínodos metropolitanos. Siguiendo el concilio de Sárdica, que había previsto que la Santa Sede era la última instancia en la acusación de los obispos, los autores de la citada colección exageraban con falsos textos la intervención del Papa. Los falsarios afirmaban que los obispos acusados "podrán ir a la Santa Sede en cualquier estadio del proceso y el Papa podrá reservarse inmediatamente para él cualquier causa de un obispo sin pasar por el sínodo metropolitano". Más aún, llegaron a afirmar que los juicios sinodales sobre los obispos "no tendrán validez si no son aprobados por el Papa, y cualquier sínodo metropolita o nacional deberá ser convocado y aprobado únicamente por la Santa Sede". Aunque lenta, se provocó una evolución histórica, ya que sus principios no serían aceptados por toda la Iglesia de Occidente hasta finales del siglo XI, cuya evolución fue el fundamento, conjuntamente con los factores antes estudiados, de una nueva forma jurídica de la autoridad de Roma, distante o al margen de la organización metropolitana.

Alrededor de las citadas colecciones canónicas, se elaboraron diversas compilaciones. Cabe destacar especialmente la de Bucar de Worms (a. 1025) y la denominada "sententiae diversorum patrum". Hay que añadir la atribuida a Humberto de Silva Cándida, la "collectio canonum" de Anselmo de Lucca (a. 1085) y la célebre colección "Policarpus" del cardenal Gregorio (1105-1113). Pero estas colecciones eran privadas, y a los autores de las mismas se les planteaba el difícil problema de distinguir la auténtica tradición de la falsa. Por eso se utilizó un doble criterio, a veces antagónico. Algunos autores aceptaban únicamente el criterio de aprobación papal; es decir, una ley o tradición es válida -evocando las Decretales del Pseudo Isidoro- si ha sido aceptada por algún Papa. Mientras que otros consideraban válidas las que coincidían con las leyes romanas. Obviamente resultaba que criterios tan dispares eran fuente de flagrantes contradicciones entre varios cánones particulares. De ahí que los compiladores establecieran un método dialéctico para criticar cada una de las leyes o cánones, flotando, siempre, en este inicio de la ciencia canónica, la figura jurídica del Papa como el elemento que lo solucionaba todo. Especialmente estos intentos cristalizaron en la elaboración de la famosa "Concordia discordantium canonum" del Decreto de Graciano (a. 1140), inicio del derecho canónico de la Iglesia de Occidente. En él el Papa era reconocido como el supremo guardián e intérprete de las leyes y cánones eclesiásticos. Así nacía el "derecho canónico" en la nueva formulación que en gran parte dura hasta hoy (a. 2024).

Posibles elementos de democracia aplicables a la Iglesia. El "pueblo de Dios"

Por tanto, podemos decir, que en la organización en la Iglesia no hay ninguna duda de que existe un conjunto de conceptos e incluso instituciones eclesiásticas que van cambiando y se van adaptando al ritmo de los tiempos. Sin embargo, existen conceptos e instituciones que en su propio núcleo son intocables, ya que el mismo Jesús desea que permanezcan hasta el fin del mundo con la Iglesia, siempre... Buena prueba de ello es el mismo Credo de la Iglesia e instituciones como pueden ser el primado de Pedro, el ministerio episcopal de los obispos con sus sucesores y la colegialidad de los obispos. Admitiendo una evidente evolución, debemos observar que a los buenos evangelizadores nunca les resulta ajena a la constante reflexión -como nos invita el actual Papa Francisco (a. 2024)- que conduce a descubrir la oportunidad de una nueva y concreta dirección que nos llevará a la eficaz evangelización según los "signos del tiempo". Así pues, es obvio que la Iglesia está atenta a los valores que la propia sociedad ha elaborado o ha descubierto; por ejemplo, en una parcela del concepto "democracia" y de algunas de sus consecuencias. Éstos creían en la posibilidad de aplicar-los a la organización de la Iglesia, en una porción muy notable, siempre que se admita que la Iglesia de Jesucristo (la nuestra) está bajo Pedro y bajo los apóstoles, pero a la vez se puede y es necesario que se de mucha importancia al papel efectivo que los fieles realizan como "Cuerpo de Cristo" y miembros del "Pueblo de Dios ", "Asamblea Santa", "Pueblo sacerdotal"... Y, por encima de todo, se debe tener muy presente que en la Iglesia la autoridad es un servicio; el Papa es el siervo de los siervos, es decir "el primero debe ser el servidor de todos". Así lo quiere Jesús, fundador de la Iglesia, y así lo manifiesta el propio Papa actual Francisco.

La transversalidad en la iglesia (que recuerda a la democracia) es tan cierta y válida como lo es la verticalidad de los decretos y donaciones del Papa y de los obispos. Ante nuestro Padre-Dios todos somos iguales y todos tenemos que colaborar y andar todos juntos. Si estos valores y conceptos siempre han sido válidos también en nuestros días -quizás por ósmosis- hay unas interdependencias sanas entre el concepto de democracia actual o sus derivados y la propia Iglesia de nuestro tiempo. No cabe duda de que, por ejemplo, el sistema de elecciones de las sociedades democráticas puede dar pautas por un nuevo sistema de elecciones episcopales, más participativas y no tan secretistas. Este posible cambio puede apoyarse en la historia de la evolución que estamos tratando y en lo que sucede en la mayoría de elecciones actuales de los religiosos (jesuitas, dominicos, benedictinos, franciscanos...) y religiosas de congregaciones que, por ejemplo, renuevan los superiores con un ritmo pacífico y con una regularidad ejemplares y transversal.

El propio Papa es elegido por votación de los cardenales. Nos preguntamos: ¿por qué no se hace lo mismo en la elección de los obispos? Si bien admitimos que esto es difícil porque existe el peligro de caer en ostensivas polémicas de partidos, sin embargo es cierto que se podrían escoger unos posibles compromisarios que lo hagan posible, y así lo hacen los religiosos y religiosas. Alguien puede preguntarse: ¿es posible? Y respondemos que así fue posible durante muchos siglos anteriores. La norma "canónica y católica" que propone y exige el tratado de Worms (final de la lucha de las investiduras en 1122) es que en la elección de los obispos el elemento primero sea la elección de un candidato propuesto (elegido) por el pueblo y el clero. Una vez elegido, se presenta al examen de los obispos vecinos (o provincia eclesiástica), y si es aprobado (o confirmado) será ordenado obispo y se le impondrán el anillo episcopal y el báculo; posteriormente, si el obispado concreto tenía "regalías civiles" (barón, príncipes...) el ordenado obispo recibirá normalmente después de tres meses, de manos de la correspondiente autoridad civil, el "sceptrum" (sobre la baronía o el principado, por ejemplo de Sant

Adrià del Besós, por Barcelona, o el principado de Andorra por el obispo de Urgell). Sin embargo, hay que reconocer que este sistema canónico tenía muchas dificultades provenientes especialmente de los magnates (rey, condes...), ya que éstos consideraban que eran la voz del pueblo y que ellos eran quienes designaban definitivamente a los candidatos. Esto lo vemos, por ejemplo, en Carlomagno. Y este sistema desgraciadamente llega hasta el siglo XX, donde vemos cómo Franco, por ejemplo, presentaba a sus candidatos.

Los obispos no son vicarios del Papa. Su autoridad les es propia

Referente al papel que tienen los obispos en relación al papado, por supuesto, lo dice el Concilio Vaticano II en su "Constitución dogmática" "Lumen gentium": "...A ellos, los obispos, se les ha confiado plenamente el oficio pastoral, es decir el cuidado habitual y cotidiano de sus ovejas, y no deben ser tenidos como vicarios del Romano pontífice desde el momento en que ejercen una potestad que les es propia y son considerados con toda verdad los jefes del pueblo que rigen. Así pues, su potestad no es borrada por la potestad suprema y universal, al contrario, queda afirmada, fortalecida y salvaguardada por cuanto el Espíritu Santo mantiene indefectiblemente la forma de gobierno que Cristo Señor instituyó en su iglesia, que el obispo enviado por el Padre de familia tenga ante sus ojos el ejemplo del buen Pastor que no vino a utilizarse, sino a servir y dar la vida por las ovejas. Tomado de entre los hombres y rodeado de debilidad es capaz de ser indulgente con quienes pecan por ignorancia y quienes se salen del camino".

Liturgia romana centralizada

La introducción del Derecho canónico supuso un cambio notable a favor de la Iglesia, y la introducción de la liturgia única y centralizada en la romana supuso un gran acierto, puesto que la disparidad de textos litúrgicos y la diversidad de calendarios era un impedimento a una liturgia uniforme y concreta. Este cambio se provocó al aceptar para toda la iglesia latina los famosos "libros sacramentales" y los denominados libros "ordines". Sin embargo, también se ahogó la creatividad de cada provincia eclesiástica que podía crear los textos adecuados a aquella iglesia, ya que la iglesia universal no intervenía, pero sí que podía intervenir la iglesia nacional, como podía ser la iglesia visigótica.

El fenómeno de la presencia en la Iglesia latina de sus "sacramentales" y sus "ordines" es de gran interés en el estudio de una iglesia "sinodal", ya que estos formularios litúrgicos se elaboraron en gran parte y se impondrían a la misma Iglesia en las plataformas de consenso casi unánime del clero (obispos, presbíteros, diáconos...) dentro de la esfera sinodal, o sea a través de sínodos y concilios, ya fueran generales, de las provincias o de las mismas diócesis concretas. Luego venía la aceptación explícita o tácita de los fieles, parte pasiva pero esencial también en ese proceso. Era, en definitiva, una parte del ejercicio de la sinodalidad eclesial y de la vida cotidiana de las iglesias.

Cabe remarcar que estos cambios son estudiados sin olvidar la liturgia que está encarnada y se regula a través de los denominados "sacramentarios", los "ordines" y otros libros litúrgicos como pueden ser los "misales" o el denominado "oficio de las horas". De todos estos libros se han realizado estudios con un gran rigor científico que nos conducen al conocimiento de cómo eran aceptados o impuestos; así como a través de ellos, los investigadores se pueden introducir en el itinerario evolutivo de los mismos. Podemos avanzar en este estudio y se puede constatar que estos libros son producto de una iglesia que vivía su fe en el convencimiento de que es aceptado tal cúmulo de ritos, oraciones y formularios simplemente porque eran utilizadas así por las iglesias dentro de un régimen sinodal y de colegialidad. Pero alguna vez el prestigio de la autoría o la simple aceptación de personajes célebres como san Ambrosio, León Magno, Gregorio Magno... contribuye a que estos libros sacramentarios, ritos, formularios... fueran aceptados por todos. Así sucedió.

*   *   *

Los sacramentarios se atribuían a san León Magno (siglo VI), pero en realidad tienen su origen en la famosa *"traditio apostolica* de Hipólito romano"*, o sea del año 200, aunque fue asumida por la "collectio leonina" tres siglos después.

San Hipólito escribió muchas obras. Entre ellas (en griego) sobresale la *"traditio apostolica"* famosa porque se refiere al rito eucarístico que se celebra después de la ordenación de un obispo. Posiblemente la traditio apostólica nos da el texto de la anáfora más antiguo que se conserva.

Durante los siglos VII-VIII se formó la liturgia romana occidental en la evolución de sus libros fundamentales como son: el *Sacramentario gregoriano*, el *Antifonario gregoriano*, el "capitulare evangeliorum" y los "ordines". Del conjunto de estos libros se forma un auténtico "corpus" de textos y normas litúrgicas gracias a Gregorio Magno y a sus sucesores inmediatos. Por eso esta liturgia se llama "gregoriana". Ésta y los libros mencionados se van difundiendo gracias a las mencionadas misiones de san Agustín de Canterbury y san Bonifacio. El prestigio de Roma se va imponiendo especialmente durante los pontificados de Gregorio Magno (siglo VII), Gregorio II (715-731) y Gregorio VII (1073-85). En el período de Gregorio Magno se encuentran las codificaciones de los denominados *"ordines romani"*, o sea los opúsculos o cuadernos en los que se habían fijado las normas ("ordines") para la realización de las diferentes ceremonias litúrgicas.

Entre los diferentes "ordines" I, II, III, XLIX, sobresale el I, en el cual se encuentra la discripción de cómo celebrar la misa en Roma, en el siglo VIII, con todas sus costumbres, formularios y ornamentos... empleados por el Papa en el orden romano, pues se va introduciendo en todas las iglesias latinas, provocando en sínodos y concilios provinciales algunas grandes discusiones, especialmente en las zonas foráneas del dominio franco-germánico, como podría ser en el mismo principado de Asturias. También en San Juan de la Peña, Lombardía e incluso en algunos condados de los Pirineos. En otros lugares de la iglesia local se oponen abiertamente a la imposición del derecho y de la liturgia romana. Eran las últimas voces -como la del arzobispo Hincmarus de Reims- del desacuerdo existente (con cierta nostalgia) en cuanto a la Iglesia sinodal y transversal, o sea la liturgia anterior (visigótica, merovíngia o lombarda...). Y es así como a pesar de las visibles y explícitas oposiciones al ordo romano, éste acababa imponiéndose. Esto sucedía en plena Reforma gregoriana, pero antes, ya en tiempos de Pipino el Breve (el padre de Carlomagno, en el siglo VIII) hubo un intento exitoso que se impuso "manu militari": o sea, se exigió que la liturgia romana fuera impuesta en todo el reino franco-germánico, y Carlomagno por su parte intentó -y en gran parte lo consiguió- que se coronara la obra de su padre.

Carlomagno, como le era connatural, hizo un acto supremo de autoridad imponiendo a todas las iglesias del gran reino franco-germánico la liturgia pactada con el Papa. El propio Carlomagno exigió que los sínodos europeos y sus jerarcas cumplieran con su real decreto. Sin embargo Carlomagno estaba en falso, ya que físicamente no tenía los libros litúrgicos de la liturgia unificada y por eso pidió simultáneamente que el papa Adriano I le enviara al menos uno, y él los haría copiar, y así se extenderían por sus grandes dominios . Concretamente le pidió los libros litúrgicos denominados "auténticos", o sea aquellos que correspondían a la forma más reciente de la liturgia romana reordenada -de siglos anteriores- por el admirado papa Gregorio Magno.

Los códices *"authentici"*

Cuando finalmente en el año 785, tras una larga espera, Carlomagno recibió los libros deseados de Roma, se dice que los depositó en la biblioteca Real de Aquisgrán. Y así los denominados "exemplaria" o "codices authentici" pasan a formar parte de las sacristías y coros francos, y servirán de patrón para todas las iglesias del reino. Por tanto, de ellos debían extraerse las copias necesarias para la provisión de las iglesias de todo el mundo franco-germánico. Esto suponía un gasto enorme, si tenemos en cuenta lo que costaba un códice en el siglo VIII. Pero parece que todo se solucionó, aunque falló un elemento primordial: los códices "authentici" enviados por el Papa en 785 eran muy anteriores a esta fecha. Así, por ejemplo estos códices no contemplaban algunas fiestas como los domingos después de Navidad y Pentecostés. Esto fue motivo para que el gran consejero de Carlomagno, Alcuino, se quejara de aquellos códices "authentici" provenientes de Roma por ser incompletos, y lo más grave, porque faltaban ciertas tradiciones y fiestas siempre celebradas en Francia. Para solucionar estos problemas se confeccionó una nueva colección que tendría muy presente el sacramentario mixto de Pipino el Breve, cuyas partes nuevas el propio Alcuino las consideraría secundarias, ya que el sacramentario tiene toda su autoridad y vigor al ser enviado por el Papa. No sabemos si Alcuino lo decía del todo convencido, pero evidentemente los copistas posteriores descuidaron esta indicación de humildad de Alcuino y mezclaron todo lo que venía de Roma y lo que contenía el apéndice de Alcuino. De todas formas gracias al trabajo de Alcuino se logró llevar a buen término el propósito fundamental de Carlomagno, consistente en imponer la liturgia romana denominada "gregoriana" (gracias a Gregorio el Magno). Así, después se impuso en toda la Iglesia latina, la cual se centralizó todavía más.

La liturgia ayudó al centralismo romano, que es lo mismo que decir al centralismo papal; o, si se quiere, la uniformidad en la liturgia, muy lejos de cuando los sínodos eran los autores de la liturgia de cada provincia metropolitana o de cada iglesia nacional (visigótica, merovíngia, lombarda...). Estas últimas liturgias se han conservado en algunas catedrales; por ejemplo, la visigótica en Toledo y Tarragona, y la lombarda en Milán.

INTERCULTURIZACIÓN Y EVANGELIZACIÓN.

MATEO RICCI

Enriquecimiento mutuo

Nuestro intento, al escribir estas reflexiones sobre los documentos custodiados en nuestros archivos, es presentar hechos históricos o episodios junto con documentos que explican en qué consisten las posibles evoluciones de la evangelización y la organización interna de la Iglesia. Es nuestra sincera colaboración en unos momentos tan trascendentales, en los que se habla de una "interculturización" entre la Iglesia y la sociedad, o entre la cultura que podemos llamar eclesial y la civil. Ambas sociedades serán beneficiadas.

Obviamente, por mandato de Jesucristo la Iglesia debe evangelizar; sin embargo ésta reconocerá que recibe beneficios de las culturas y civilizaciones de las naciones donde está evangelizando. Es cierto que hoy se da un nuevo reto a los problemas de la evangelización, en parte gracias al papa Francisco. El evangelio presentado recibe la influencia de los valores de las culturas y civilizaciones de los pueblos evangelizados; se da una simbiosis entre ambas partes. En la Iglesia y en los pueblos que reciben el Evangelio, se produce un fenómeno de interacción favorable a ambas partes. Por eso creemos que es muy interesante poder aportar dos episodios bien documentados de evangelización acertada, y al mismo tiempo presentamos dos experiencias en las cuales no se acertó en los caminos de la evangelización, porque no hubo interculturización entre ambas partes. Nos referimos en primer lugar al éxito de las evangelizaciones de Mateo Ricci en China y la experiencia de las "reducciones" en

Latinoamérica. Las referencias desacertadas serían los altercados entre judíos y cristianos en Barcelona, y un intento de evangelización de Japón.

Episodios históricos y nuevas perspectivas

De nuestros archivos eclesiásticos y de nuestra historia hay que aportar muchos documentos que demuestren la exclusión por parte de la Iglesia de errores y posibles herejías y, a su vez, habrá que incluir la permanencia del núcleo esencial de nuestras creencias cristianas. Así quedará claro el ofrecimiento de una sana interculturización entre la sociedad en la que vivimos y la que pretendemos evangelizar; sociedad o civilización que debemos respetar y saber recibir de ella la influencia positiva de no pocos valores que puede darnos y ciertamente nos da, posiblemente sin que nosotros podamos percibir su existencia.

Recientemente hemos visto, gracias a las constantes manifestaciones del Papa actual Francisco, abrir nuevas perspectivas de colegialidad entre obispos y una nueva invitación a una sincera participación (o llamada sinodal) entre laicos, sacerdotes, religiosas... Será un andar común (que denominamos "sinodalidad"). Así estamos motivados a diario por nuestra Iglesia y por la cabeza de nuestra religión a "caminar todos juntos" hacia la meta final. Sin embargo, según hemos visto antes, no se trata precisamente de "nuevas" perspectivas, ya que antes del siglo XI la Iglesia ya era, por ejemplo, en gran parte "sinodal", y por aquel entonces y ahora la Iglesia también se identifica en el activo y sublime "Pueblo de Dios", "Asamblea Santa" y "Pueblo sacerdotal". Se nos invita a andar todos juntos en este sendero que conduce a la Jerusalén celestial. O sea, se supone que en ese camino regirán unas estructuras más colegiales y más participativas. Sin embargo, nos podremos fijar en casos históricos anteriores muy ejemplares, que nos pueden orientar en la actualidad (a. 2024) para encontrar el camino correcto que sería bueno seguir. Y aquí está precisamente la misión de pastor de la Iglesia: acompañar a las ovejas.

Existen muchas experiencias de evangelización. Nosotros hemos estudiado tres casos: 1- La primera evangelización de Japón. 2- de China y 3- de las tribus guaraníes. Cabe decir que la experiencia de las "reducciones" seguidas por los jesuitas de América del Sur pueden ser de gran interés hoy en día. Pero me complace fijarme en primer lugar en la experiencia de Matteo Ricci. Este jesuita italiano formaba parte de un grupo muy singular de misioneros que fueron protagonistas de una nueva metodología misionera. Ésta tenía muy presente la interculturización cristiana, concretamente en China: las dos culturas se intercambian, con gran respeto la una de la otra. El grupo estaba constituido por los padres Valignani, Miguel Ruggieri, Mateo Ricci y el padre Julio Aleni. A estos misioneros, gracias al ejercicio de una gran prudencia, se les permitió poder permanecer en la región (o país) donde se habían dado tantas dificultades, no sólo para entrar sino especialmente para iniciar una evangelización cristiana mínimamente exitosa o positiva. Tuvieron que aparcar al principio la misión de predicar el evangelio (o sea el proselitismo), y al mismo tiempo se vieron obligados a responder a los daimios (mandarinos de China) que les preguntaban sobre cuál era su objetivo al querer residir en China. Es obvio que si los jesuitas hubieran declarado de inmediato sus intenciones de predicar una nueva religión, nunca hubieran podido entrar en China.

Aquellos chinos no admitían que les evangelizaran; tenían el orgullo necesario para cerrar las puertas a aquellos jesuitas que consideraban de antemano que los chinos eran totalmente incultos y pedantes. Su entrada hubiera chocado con el orgullo chino, que no podía admitir que China tuviera que aprender algo de esos extranjeros. A su vez se había generado una cierta alarma entre los líderes políticos chinos que veían un peligro nacional en cada intento de penetrar en sus fronteras. Por tanto, los misioneros tomaron la iniciativa de hablar de su religión (del cristianismo) solamente cuando estuvieran seguros de que se había superado la antipatía y la desconfianza china, esperando que la enseñanza que querían iniciar fuera deseada por los nativos, o al menos tuvieran la certeza de hacerla comprensible sin sorprender a los oyentes. Sabemos que lograron este resultado apelando a la curiosidad de los chinos. Esta situación se dio treinta y un años después de la muerte de san Francisco a las puertas de China.

El padre jesuita Mateo Ricci

El gran maestro Mateo Ricci nació el 6 de octubre de 1552 en un pueblo italiano: Macerata (por aquel entonces formaba parte de la nación llamada "Estados Pontificios", que eran del Papa). Ricci murió en Pekín cuando tenía sólo 52 años. Realizó sus primeros estudios en Macerata y posteriormente estudió leyes en Roma durante dos años. El día 15 de agosto de 1571 entró en la Compañía de Jesús en el "colegio Romano". Tenía una gran afición por las ciencias y aplicó sus estudios a las mismas matemáticas, cosmología y astronomía bajo la dirección del famoso Padre Christopher Clavius. Él deseaba ir a misiones, obviamente con los Jesuitas y al amparo de los portugueses que organizaban grandes expediciones a la India y Japón. Embarcó en Lisboa el 24 de marzo de 1578. El 13 de septiembre de 1578 llegó a Goa, capital de las Indias portuguesas. El famoso Padre Alejandro Valignani se fijó en él -ya antes había sido su maestro de novicios- y lo llevó a Macao en 1582, preparando así su entrada providencial en China. Sabemos que en torno al Padre Valignani se inició un auténtico intercambio cultural e incluso había entre ellos y los chinos un sincero ambiente de mutuo respeto hacia las dos culturas y civilizaciones. Había que determinar qué conocimientos eran imprescindibles tener para entrar en China: había que dominar perfectamente la cultura china, su lengua, sus costumbres e incluso su religión o ritos dirigidos a los antepasados... En definitiva, había que convertirse en un auténtico chino en todo, sin renunciar a la religión católica ni a la obediencia y respeto al Papa de Roma.

Así diríamos que metodológicamente el misionero jesuita en China no actuará (no evangelizará) hasta que -después de unos años (4 años)- hubiera aprendido a vivir según el modelo chino. Había que impregnarse de su cultura, de su lengua e incluso había que cambiar su nombre, apellidos, y hacerse chino. También había que vestir como un chino. En una palabra: hacerse chino con los chinos, y así en ese nuevo ser pudo entrar el cristianismo, y no antes... Era una interculturización para conseguir una evangelización más eficaz y profunda. El equilibrio era patente.

El bonce Li- Madou

El padre Mateo Ricci -que ahora se haría llamar con el nombre chino "Li-Madou"- había logrado residir ya en China -concretamente en Chao-King (Ghong Quing actualmente a. 2024)- después de seis años de preparación o interculturización. Esta ciudad es uno de los cuatro municipios bajo la jurisdicción central; los otros tres de la actual República Popular China son Pekín, Shangai y Tianjin. A pesar de todo, en 1589 el mandarín de Cantón expulsó de su residencia (de Chao-King) al misionero Li-Madou. Así se trasladaron a otro lugar cercano para continuar su actividad; ya en ese tiempo el padre Mateo Ricci era muy conocido, especialmente en los sectores más cultos de China.

El hecho era que el misionero Mateo Ricci era bien recibido, puesto que los "inventos" que mostraba interesaban a todos. Quienes le escuchaban -que eran muchos- lo consideraban como un verdadero sabio de Occidente, que enseñaba y explicaba artefactos concretos de sabiduría: relojes pequeños y grandes, instrumentos matemáticos y astronómicos, prismas de diversos colores, instrumentos musicales, pinturas al óleo e impresos, el cosmógrafo, trabajos geográficos y arquitectónicos con diagramas, mapas y vistas de pueblos, edificios de grandes volúmenes magníficamente impresos y espléndidamente encuadernados...

Los más sabios entre ellos se rindieron a la evidencia de Mateo Ricci

Los chinos hasta ese momento imaginaban que fuera de su país solamente existía la barbarie, quedaron sorprendidos ante las maravillas que el jesuita "Li-Madou" les enseñaba. Su residencia siempre estaba llena de admiradores y nos dice la crónica: "... gradualmente todos llegaron a tener respeto a nuestros países, nuestra gente y, sobre todo, a nuestros hombres cultos; una idea inmensamente diferente de la que habían tenido hasta ese momento. Esta impresión se intensificó por las explicaciones, concernientes al su pequeño museo, dadas por el misionero (P. Ricci) en respuesta a las numerosas preguntas de sus visitantes. Uno de los artículos que despertó más su curiosidad fue el mapa del mundo".

Los chinos tenían mapas denominados por los geógrafos "descripciones del mundo", pero casi todo el espacio estaba cubierto por las 15 provincias de China, y alrededor de éstas se pintaba un pedazo de mar y unas islas, en las que se describían los nombres de cuyos países ellos habían oído hablar -todos juntos no era mayores que una pequeña provincia china-. Naturalmente, los hombres sabios de Chao-King protestaron inmediatamente cuando el padre Ricci señaló varias partes del mundo en su mapa europeo, cuando vieron la porción pequeña que ocupaba China. Pero quedaron convencidos después de que los misioneros explicaran cómo se habían construido los mapas y el cuidado de los geógrafos de Occidente al asignar a cada país su posición objetiva con los límites reales. Fue así como los más sabios entre ellos se rindieron a la evidencia; empezando por el gobernador de Chao-King, todos instaron al Padre Ricci a que les hiciera una copia de su mapa con los nombres e inscripciones en Chino.

Ricci dibujó un mapa más grande del mundo, en el que escribió inscripciones más detalladas en chino, adaptadas a las necesidades de los chinos. Cuando el trabajo fue completado, el gobernador lo imprimió y entregó copias como regalo a sus amigos de la provincia y fuera de ella. El padre Ricci no dudó en decir: "Éste era el trabajo más útil que podría hacerse en este momento" para disponer en China y dar también más crédito a las cosas de nuestra fe... La concepción de los chinos de la grandeza de su país y de la insignificancia de todas las demás tierras les hacía ser orgullosos y que todo el mundo les pareciera salvaje y bárbaro comparado con ellos; sería extraño esperar de ellos algo mientras mantuvieran esta idea, o sea que "prestaran atención a maestros extranjeros y a su evangelio".

La interacción se pone en marcha

De momento muchos estaban deseosos por aprender de los misioneros asuntos europeos, y aprovecharon esta buena disposición para presentar más a menudo la religión en sus explicaciones. Por ejemplo, sus biblias y las pinturas, grabados con motivos religiosos, los monumentos, las iglesias... Dieron la oportunidad de hablar de "las buenas costumbres de los cristianos" y de la falsedad de la idolatría y de la conformidad de la ley de Dios con la razón natural. También se explicaron enseñanzas similares encontradas en la biblia y en las escrituras de los antiguos sabios (Confucio) de China. Éstas se podían integrar con el cúmulo de enseñanzas "nuestras" e incluso enriquecerlas. Llegó a ser tanta la admiración, que el propio emperador había quedado maravillado. Mateo Ricci se hizo querer y admirar por todos; se hizo chino con los chinos y los chinos se hacían Ricci. Una gran intercultura, una interacción eficaz con un respeto mutuo sincero.

La expulsión de Ricci en 1589 de Chao-King (de la que ya hemos hablado) fue providencial. Muchas ciudades deseaban que el P. Ricci -que ahora vestía como un bonce y se había cambiado de nombre (Li-Madou) para ser más chino- les explicara los enigmas, secretos y sabiduría occidentales, por lo que esta gran fama llegaría al palacio del emperador y éste lo querría conocer personalmente; ese "prodigio de sabiduría" y especialmente aquellos relojes que llevaba Ricci. Así mandó llamarlos y le recibió con máximos honores en 1601. El P. Ricci, pues, tuvo una gran visión de apóstol al presentarse ante los chinos.

Éstos llegaron el convencimiento de que no lo conocían todo, por tanto podrían aprender muchas cosas nuevas si establecían contacto con el "bonce Li-Madou". Esa superioridad en las ciencias profanas le daba también superioridad en las materias religiosas. Era un apostolado indirecto, un nuevo método, un gran acierto; se empleaba, como hemos dicho, la interacción.

La interculturización. El emperador interesado

El padre Mateo Ricci en esta época en Nankin contaba -en un centro que abrió sobre la física de Aristóteles- unas doctrinas, unas novedades que los chinos ignoraban totalmente; la redondez de la tierra, la existencia de las antípodas, la naturaleza de los eclipses, la extensión del firmamento y de las estrellas, la extensión y diversidad de los continentes, la geografía euclídea...; más aún, podían admirar multitud de instrumentos científicos, astrolabios, esferas y globos terráqueos, el firmamento dibujado, relojes, cuadrados del horizonte... Todo contribuía al aumento de la autoridad del misionero europeo frente a los chinos .

Era la intercomunicación cultural por ambos lados: el occidental-cristiano y el chino. Y así llegó la invitación del emperador que quería ver a tan portentoso sabio obviando que fuera occidental, no excluyendo que pudiera llegar a ser un creyente, o sea un chino cristiano. Lo cierto era que el emperador sabia que Ricci le quería obsequiar con un peculiar reloj compuesto con un arte e ingenio tan grande que señalaba las horas con sonidos acompasados de campanillas... Al final llegó el día tan esperado, Ricci se vería con el emperador chino. Y Ricci no falló: allí estaban los admirados obsequios que dejaba en manos del emperador, pero también le dio un sencillo memorial en el que decía que era religioso y célibe. Es curioso que en el memorial se dice que no pensaba pedir ningún favor, sólo licencia de residencia para permanecer en la corte imperial donde pensaba dar lecciones de astronomía, geografía, matemáticas... según había aprendido en Occidente... Y al final decía que todo lo ponía al servicio del emperador.

El emperador, entusiasta con Ricci, accedió a todas las sugerencias del "bonce cristiano" Li-Madou. Así, los jesuitas con el padre Ricci en la cabeza, podrían permanecer en la capital china y atender a las necesidades intelectuales de la corte china. Así se produjo una auténtica interculturización (o interacción) mutua, y a través de ella se abrieron caminos para los cristianos y a su vez amplios caminos de admiración y adhesión al mundo y la cultura china, por tanto de los occidentales.

Lo que hemos denominado "nuevo método" de evangelización del padre Mateo Ricci (mejor padre Li-Madou) fue aceptado entre la clase intelectual china, por los bonzos, por la gente de la corte imperial e incluso por el propio emperador. Había respeto y reconocimiento por ambas partes. Ricci manifestó un gran interés por conocer la importante literatura china antigua, y a la vez, él la comparaba con la occidental. También Ricci tradujo al chino obras clásicas de la cultura helénico-romana como los *Elementos de Euclides*, el *Manual de Epicteto*, los clásicos de la literatura griega, los de la literatura romana, así como algún otro pensador musulmán. Tradujo el tratado "sobre la amistad" de Cicerón, y también elaboró un diccionario portugués y chino que es la primera obra sinológica de la historia.

Cuando vemos el gran esfuerzo que hizo el padre Ricci para acercar las civilizaciones, hay que reconocer en él a un gigante cultural y religioso que hizo de puente entre Oriente y Occidente: un gigante que se hace muy pequeño a la hora de dialogar con las mentalidades que antes de Ricci se mostraban distantes, por no decir enemigas; les enseñaba relojes, instrumentos matemáticos y astronómicos, prismas de colores, instrumentos musicales, impresos espléndidos, pinturas al óleo, cosmógrafos, diagramas, mapas, mapamundis, mapas del cosmos... Si los chinos quedaban admirados con el bonce jesuita (que vestía al estilo oriental, como ellos y exigía que se dirigieran a él con el nombre chino Li-Madou y no Ricci), mucho más sorprendidos quedaban los propios europeos al controlar la gran sabiduría de aquellos chinos que antes, en tiempos de marco Polo, eran considerados "terribles hombres que comían carne humana". ¡Qué barbaridad! ¡Qué error!

Un libro fundamental

Sin embargo, Mateo Ricci no olvidaba la evangelización de los chinos. Precisamente escribió un libro que fue definitivo. Lo hizo en chino bajo el título *T'ien Chushe-l*: "La verdadera doctrina de Dios". Era un pequeño catecismo que había distribuido entre sus contertulios. En él presentaba las verdades que había que admitir necesariamente y previas a la fe: la existencia y la unidad de Dios, la creación, la inmortalidad del alma, el premio o castigo en la vida futura... Todas estas verdades -afirma el libro- es necesario que sean admitidas incluso con argumentos de la razón; son verdades obvias totalmente contrarias a los errores que desgraciadamente se propagaban en la sociedad china; una sociedad que, por otro lado, es admirable y muy respetable. Estos errores eran (o son) el culto a los ídolos, la creencia en la transmigración de las almas... Los argumentos para demostrar las verdades anunciadas y los errores chinos, los extraía no sólo de los testigos cristianos, sino también de los sabios chinos -como podía ser el propio Confucio-. Esto gustó mucho a la élite intelectual china que consideró a Ricci como un sabio bonzo oriental como ellos, pero todo era el inicio de posteriores controversias entre los cristianos.

El libro *T'ien-Chushe-l* se convirtió en el manual práctico de los misioneros y hizo más eficaz el trabajo misionero. Antes de la muerte de su autor (Ricci) fue impreso de nuevo, y poco después se llegó a la cuarta edición en chino. Se puede decir que este libro despertó la estimación de los chinos por la religión católica. El mismo emperador Kien-Long -aunque en un tiempo fue perseguidor de los cristianos- ordenó que el *T'ien-Chushe-l* fuera colocado en su biblioteca, junto con la colección de las producciones más notables en chino. Era y es un gran libro.

Otros libros de Mateo Ricci

Además de los trabajos dirigidos a los infieles y a los catacúmenos, el Padre Ricci escribió otros libros para los nuevos cristianos. Como fundador de la misión tenía que inventar fórmulas aptas para expresar nuestros dogmas y ritos de manera clara e inequívoca en un idioma que hasta ese momento nunca se había usado por los propios chinos ni por los misioneros. Fue una tarea delicada y difícil, pero sólo una parte de la pesada carga que Ricci pensaba soportar. Mientras avanzaba paulatinamente en la capital, Mateo Ricci no abandonaba el territorio ya conquistado; Ricci adoctrinó con sus peculiares métodos a sus compañeros, que se unieron a él y les animó a continuar su trabajo en las ciudades donde los dejaba.

Así en 1611 la misión incluía además de Pekín, las tres residencias de Nan-King, Nan-Chang, Shoo-Chow, a las que se agregó en 1608 Shang-Hai. En cada una de ellas había dos o tres misioneros que eran los "hermanos cristianos chinos de Macao". Éstos habían sido aceptados por la Compañía de Jesús y servían a la Misión como catequistas. Consta que el número de bautizados en 1608 eran dos mil.

Los "nombres divinos" y los "ritos chinos"

Gracias a Mateo Ricci los cristianos chinos aumentaron bastante, aunque unos graves malentendidos planearon sobre aquellas comunidades y hacia todo el mundo misionero; nos referimos a la problemática que tenía como causa la cuestión de los denominados "nombres divinos y los ritos chinos".

El problema que tenía la evangelización del Padre Ricci y muchos de sus compañeros procedía de la aceptación parcial de ritos o ceremonias en uso entre los chinos desde tiempos inmemoriales, referentes a sus antepasados difuntos (de buena fama). Según estos ceremoniales (o ritos), se tributaban actos o ceremonias de respeto -no de adoración como si fueran ídolos- a sus familiares o personajes difuntos recordados que consideraban dignos de esos honores o ceremonias, como era el caso de la memoria de Confucio. La solución a esta problemática que da Ricci fue de aceptación de los mismos ceremoniales, siempre que no se cayera en la idolatría. Los difuntos no eran canonizados, pero sí muy respetados, admirados e imitados, especialmente cuando se trataba de un personaje tan importante como era Confucio, al que no hacían Dios. Sin embargo la solución a la controversia que surgió de la práctica de Ricci y sus partidarios, fue muy impugnada primero por los demás religiosos y después por el mismo papado, que aunque primero la toleró finalmente en la práctica la rechazó, pero siempre dejando la puerta algo abierta. Ahora (a. 2024) parece que no se vería tan mal que se vuelva abrir.

*   *   *

También se hubo otra discusión sobre el uso de los nombres (términos) chinos: "T'ien" (el cielo) y Shang-ti" (Soberano, Señor) para designar a Dios; la costumbre establecida por el padre Ricci fue lamentablemente corregida.

El padre Mateo Ricci prefirió siempre emplear desde el principio el término "T'ien Chu" (Señor del cielo) para denominar al Dios de los cristianos, es decir su "Dios". Él decía "mi Dios es el Señor del Cielo". "Por eso no le diré Dios, sino 'Tien Chu' o 'Shang-Zi' o 'Soberano Señor'". Por tanto, bajo estas dos expresiones o nombres describe al "Señor soberano de espíritus y hombres que conoce todo lo que se nos da y existe en el mundo, fuente de todo poder y toda autoridad, regulador supremo y defensor de la ley moral que premió a quienes la observan y castiga a quienes la violan. Por tanto hay que concluir -decía- que sería mejor nombrar a Dios con estos dos (acertados) nombres: "Tien Chu" y "Shang-Zi", y no decirle simplemente "Dios". Sin embargo, no todos los jesuitas compañeros del padre Ricci estaban conformes con este cambio; porque era cierto que para los chinos este cielo (T'ien) y ese Dios (Shang-Ti) tenían connotaciones materiales que no eran, como afirman los cristianos, sólo "purísimos espíritus", y que por esta causa podía interpretarse todo su ámbito más cercano a la idiolatría y no a la adoración del puro Dios y del puro cielo. Pero el padre Ricci y sus continuadores presentaban argumentos en contra, y daban como seguro que así sería más fácil el moderado proselitismo entre los chinos, al menos para los más intelectuales, que eran los que en definitiva influían en su pueblo.

Confucio y los honorables difuntos

Referente a los ritos y ceremonias en honor a sus antepasados y a Confucio, el padre Ricci también opinaba que era necesario ser permisivos, había que tener una tolerancia comprensible sin lesionar la pureza de la religión cristiana. Más aún, el padre Ricci creía que era de suma importancia para el progreso del apostolado y la evangelización. Honorar a sus antepasados difuntos con las tradicionales, constantes y profundas postraciones y ritos, admitiendo también "sacrificios", era a ojos de los chinos un deber y una obligación ineludible; un auténtico y sincero cumplimiento del deber de piedad filial y familiar o amistosa. Tanto es así que quien descuida ese derecho era y es tratado por todos sus parientes como miembro indigno de su familia y de la nación.

También cabe decir y remarcar que las ceremonias o ritos similares a los anteriormente descritos se tributaban especialmente al gran maestro y líder Confucio. Estas ceremonias eran, por ejemplo, una obligación indispensable para los estudiantes, por lo que no podían recibir ningún grado académico ni solicitar ningún trabajo público sin haber hecho uno de esos ritos de alabanza, que no era adoración a Confucio sino gran honoranza. A Confucio no se le adoraba porque no era considerado dios, pero sí muy cercano a la esfera divina. La ley o disposición de que antes de recibir un cargo público había que realizar esta ceremonia en Confucio, permanece hasta la actualidad (a. 2024), a pesar del gobierno comunista que impera en China. Cabe decir también que anteriormente, en tiempos del emperador Kiang-Hi que mostró gran buena voluntad hacia los cristianos, siempre hubo una negativa a suprimir la religión católica. El emperador profesaba una gran admiración a las creencias del bonce Li-Madou (el padre jesuita Mateo Ricci).

Ricci un gran ejemplo de interculturización

La historia posterior es muy larga y a veces los papas transigieron, y en otras ocasiones condenaron estas formas de actuar (ritos) del padre Ricci. Sin embargo, parece que en la actualidad el papa Francisco desea reabrir el tema. Nosotros creemos que Mateo Ricci es un magnífico ejemplo de interculturización que puede ayudar a solucionar -o al menos apaciguar- su problemática el catolicismo frente a otros religiosos y culturas. Es un buen modelo a seguir. Es un caso eminente de generosidad intercultural y un camino seguro porque caminamos todos juntos -como discípulos de Emaús- con el Divino Maestro y así descubrimos al mismo Jesús en la fracción del pan como lo descubrieron dichos discípulos.

INTENTOS FALLIDOS DE EVANGELIZACIÓN POR FALTA DE INTERCULTURIZACIÓN

Episodios de Japón

También es necesario tener muy presente los episodios en otros intentos de evangelización de Japón. Después de san Francisco Javier, las misiones católicas de Japón entran en un sinfín de intentos directos e indirectos de implantar la fe en aquellos territorios. Algunos fueron auténticos logros, otros fueron posiblemente desacertados. Había sectores que pretendían que la fe, la política y el comercio fueran en la práctica juntos y una misma cosa; así se vislumbraba la intención de que si se conseguían unos acuerdos y pactos comerciales, la conversión del gran mandarín de Japón estaría asegurada, y con ella la conversión masiva de todos los japoneses. Posiblemente era una entelequia. Era una postura y una evangelización muy distinta a la que hemos visto antes con Mateo Ricci. Aquí había imposición; en cambio en el caso del padre Ricci se produce una verdadera interculturización y una evangelización preparada que resulta interactiva. De dicho padre Valignano (seguidor de san Francisco y como hemos visto formador de Mateo Ricci) surgió la idea de pactar a cuatro bandas: autoridades japonesas, Santa Sede, jesuitas y gobiernos de España o Portugal. La solicitud de Valignano para la misión japonesa en todos sus aspectos (también en el material), le llevó a idear el envío de una embajada japonesa a Europa. Dadas las finalidades de esta embajada, los embajadores debían ser de sangre real, o al menos de las principales y más nobles familias japonesas, y suficientemente jóvenes para soportar todos los sufrimientos de tan larga expedición. Los daimios (mandarinos) de Bungo, Omura y Amira estaban convencidos de que esta hipotética embajada sería un éxito. Cabe recordar también que esta idea cristalizó y se hizo realidad en otros personajes, en concreto en el franciscano fray Sotelo, y el mandarín Haeskura (enviado por el gobernador Musamune) y 160 japoneses, algunos de los cuales eran ya cristianos y otros aseguraron que se se bautizarían durante el trayecto del viaje (unos tres años). Todo esto fue un sueño hecho realidad, ya que fueron primero a México (Acapulco) y después cruzaron el Atlántico hasta España e Italia, para finalmente regresar a Japón, aunque de quienes lo idearon muchos se quedaron en un pueblo junto a Sevilla. El viaje se inició el 25 de enero de 1614, como expondremos a continuación. Sin embargo, hay que ver primero los antecedentes inmediatos.

Un naufragio providencial

El relato de los hechos es el siguiente: según las crónicas, un naufragio propició iniciar mejores relaciones entre España-México-Manila-Japón. El incidente se produjo el día 30 de septiembre de 1609, cuando una nave (denominada San Francisco) chocó contra unas rocas de la costa japonesa y quedo hecha añicos. En ella iba el gobernador y capitán de Filipinas D. Rodrigo Viver y Velasco. Éste había sido retenido en Japón durante 10 meses, y aprovechó poner en práctica negociaciones que condujeran a idear un pacto general (religión-comercio) entre España, Japón y el papado. Con ese futurible pacto se aseguraba (falsamente) que Japón pasaría a ser cristiano casi en bloque; se aseguraban unas conversiones al cristianismo en masa. Por supuesto que en ese pacto se contemplaba expulsar del país japonés a todos los holandeses, a los que llamaban "piratas".

D. Rodrigo Viver pasará a la historia por haber avivado (como su nombre indica) la imaginación de un fraile franciscano andaluz encontrado después del naufragio que hemos explicado: era fray Luis Sotelo, fraile franciscano nacido el 6 de septiembre de 1574 en Sevilla y difunto (mártir, es beato) el 15 de septiembre de 1626. También estableció una gran confianza con otro personaje japonés, Masamune, que sería, junto a Fray Sotelo, el gran promotor de la expedición del viaje a México-España-Roma según exponemos a continuación.

Masamune, gobernador de Yedo, encomendó esta embajada a un hombre de su máxima confianza, Hasekura, que se embarcaría con fray Sotelo y unos 160 japoneses en la embarcación "San Juan Bautista" el 27 de octubre de 1613 en la bahía de Tsukinouza (Sendai). Se dirigió a México (Nueva España). O sea, fue a España no a través del océano Índico y Atlántico, sino a través del Pacífico hasta llegar a Acapulco el 25 de enero de 1614. Es oportuno señalar que Acapulco era el único puerto autorizado para comerciar con Filipinas. Allí pues, se reunieron mercaderes y comerciantes de Cuernavaca, Zacatecas, Guadalajara y México.

Dar la vuelta al mundo al revés: Japón, Acapulco, Sevilla, Madrid, Barcelona y Roma

Sabemos que la expedición naval de nuevo embarcó de Veracruz (México) hacia Sevilla. Ahora la nave será llamada "San José" (con unos 200 pasajeros). A España llegaron el 30 de septiembre de 1614, y la entrada en Sevilla fue apoteósica. Era el 21 de octubre de 1614, y nos dice la crónica: *La ciudad envió cabalgaduras y gran número de carrozas, caballos y gente de todo género, de modo que no era suficiente con la diligencia de alguaciles y otros oficiales de justicia para poder atenderles. Por último, apareció el conde de Salvatierra, asistente (alcalde) de la ciudad. La comitiva llegó al Alcázar Real adornado con tapices y adornos de gran valor, y de ahí se dirigieron a las estancias reales. Estaban presentes el embajador Hasekura y otros japoneses. El asistente (Salvatierra) en persona favoreció es-*

pecialmente al embajador con varios entretenimientos de comedias, danzas y festines, al que asistieron también muchos caballeros, prelados, religiosos y especialmente jueces y oficiales reales ofreciendo cada uno un regalo.

El cabildo hispalense -continúa la crónica- se reunió para dar lectura a las cartas dirigidas a la ciudad por Hasekura y el franciscano Sotelo. El día 27 de octubre el Embajador fue recibido por el Cabildo en pleno (allí se leyó una carta de Masamune, traducida al español, con fecha en Sendai a 26 de octubre de 1613). Mientras, el Consejo de Indias y el de El Estado, en Madrid, examinaron cuidadosamente los términos de la embajada, considerando y valorando las cartas que había enviado Vizcaíno desde México, el virrey Guadalcazar y, desde Sevilla, el poderoso presidente de la Casa de Contratación, Don Francisco de Uarte. Además se presentó el memorial enviado desde Sanlúcar de Barrameda por el Duque de Medina Sidonia.

Por último, el 25 de noviembre de 1614 la comitiva se dirigió a Madrid, capital de España. Antes, por todo el camino (especialmente en Córdoba) fueron tratados con grandes honores y en Toledo visitaron al arzobispo. En Madrid entraron el 20 de diciembre "con grandes fríos" y nevadas. El día 30 de enero de 1615 fueron recibidos por el rey Felipe III. En esta ocasión el propio Hasekura transmitió el mensaje de Masamune pidiendo que se enviaran a Japón predicadores franciscanos. También se pidió la protección de la Corona en el comercio que hacía Oshu con Nueva España.

Fray Luis Sotelo -continúa la crónica- explicitó los deseos del gran soberano nipón Ijejasu y de su hijo Hidetada de establecer una alianza con España y entregó las cartas que ambos caudillos enviaron al monarca español. El rey (Felipe III) constató que examinarían las peticiones en el Consejo de Estado y todo este asunto, sin embargo la embajada quedaba como responsable dentro de la adecuada perspectiva diplomática de España en Asia. En el Monasterio de las Descalzas Reales el embajador Hasekura fue bautizado, actuando de padrinos el Duque de Lerma y otros nobles. Mientras, fray Luis Sotelo se dedicaba a gestionar la autorización de su "misión" en la Corte de Madrid, incluyendo una visita a Roma para pedir un nuevo obispo (o arzobispo) para aquella comunidad cristiana. Sin olvidar su insistencia en pedir el envío de nuevos misioneros franciscanos desde México a bordo de un barco anual que tambíen asentara el comercio directo a Japón.

En Madrid permanecieron 8 meses, y después regresaron a Sevilla para ir a Barcelona y después a Génova.

De su estancia en Barcelona (estuvieron un mes en la ciudad condal) las crónicas japonesas nos dicen que aquellos 160 japoneses practicaban casi a diario un ejercicio muy singular: desde la residencia de los franciscanos situada al final de la Rambla (hoy paseo de Colón) subían toda la Rambla, el Paseo de Gracia y la calle Gran de Gràcia hasta Els Josepets (Lesseps), y allí permanecían algún tiempo junto a la fuente, para después volver a su residencia de los franciscanos en la Rambla. Era una comitiva muy vistosa, con sus vestidos de mandarín, vestidos de seda resplandeciente, abanicos, estandartes... La gente no se cansaba de mirarles...

A Roma llegaron el 25 de octubre de 1615. Cabe decir que esta embajada no gustaba nada en la "ciudad eterna". Se creía que la conversión y bautizo del jefe de la expedición Hasekura era una farsa. Tampoco se veía con buenos ojos el otorgamiento de un arzobispado japonés a fray Sotelo, que a pesar de ser franciscano se mostraba ambicioso de honores. Sea como fuere, la embajada fue un fracaso. Llegaban también malos aires. Se decía que "la plata que podría llegar a Nueva España de Japón resultaría una infracción de los acuerdos luso-españoles. También se susurraba que Hasekura no era un embajador de todo Japón, sino sólo de los dominios de Masamune, y que aquella embajada debía considerarse como si fuera una alta traición contra la patria japonesa. A ese extremo se había llegado, porque hubo un golpe de estado en Japón y los vencedores empezaron la más sangrienta persecución contra los cristianos. A los de la embajada de Hasekura se les amenazaba con ser quemados o degollados si se atrevían a volver a Japón, si antes no apostaban del cristianismo. Todas estas gravísimas noticias llegaron a Roma cuando la embajada pedía una audiencia al Papa. Obviamente la embajada en Roma fue un estrepitoso fracaso.

¿Qué hacen hoy (a. 2024) unos japoneses en Sevilla?

Continuando con el relato del 7 de enero de 1616, empiezan el regreso del viaje: Génova, Barcelona (primavera de 1616), Sevilla. En esta ciudad se enteran de que a fray Sotelo y a Hasekura se les expulsaría de México (Nueva España) si se atrevían a pisar aquella colonia española. Los acompañantes de Sotelo y Hasekura (al menos algunos de los 160 japoneses) se refugiaron, asustados y casi incógnitos en un pueblo de la provincia de Sevilla (Coria del Río).

Soy testigo en primera persona de que en Coria del Río (Sevilla) existe un número considerable de personas que son de raza japonesa, al menos en parte, con los rasgos raciales propios, como por ejemplo sus ojos. Y también soy testigo de lo que me ocurrió un día de diciembre de 2001, cuando con gran sorpresa por mi parte vino a visitarme, con la intención de emitir una entrevista, una televisión japonesa en mi despacho del Archivo Diocesano de Barcelona. Me dijeron que querían realizar un reportaje sobre la historia de un mandarín japonés y de un franciscano que hacía 387 años pasaron por Barcelona durante su viaje a Roma para ver al Papa. Me dijeron que la comitiva de los japoneses era de unas 150 personas y que residían en el convento de los franciscanos de la Rambla. Se paseaban con todo boato -con gran admiración de los barceloneses- por la Rambla hasta un descampado que después se llamará de los Josepets (la iglesia de la Virgen de Gracia, en la plaza de Lesseps). Añadieron que el gran promotor de este viaje y jefe de la expedición era un franciscano llamado fray Sotelo que bautizó al mandarín (Hasekura), y que al regresar a Japón fue tratado como un traidor por haber bautizado a un japonés y fue quemado en la hoguera (sic).

La televisión japonesa me preguntó si nuestro Archivo custodiaba algún documento al respecto, y yo les contesté que lo investigaría. Efectivamente encontré documentación que confirma el relato de un mártir (como fue el beato Luis Bertran O.P.) de Japón; este documento se encuentra en el Archivo Diocesano de Barcelona.

Otro detalle de mucha importancia nos lo da *La Vanguardia* del 11 de diciembre de 2014 (pág. 10), en el artículo de Adolfo Ruiz de Sevilla bajo el título: "Historias del mundo. Andaluces de Japón". En él explica por qué hay andaluces japoneses en el pueblo de Coria del Río y nos narra cómo era la embajada de Fray Sotelo y el mandarín Hasekura: *A Sevilla -dice- llegaron unos japoneses, pero se instalaron en Coria del Río, muy cerca de la capital andaluza. El día 30 de septiembre de 1614 la expedición llegó a España a través de Sanlúcar de Barrameda, donde es recibida con todos los honores por el duque de Medina Sidonia, señor de la villa, que dispone el alojamiento para ellos en Coria del Rio . Por aquel entonces era una población de sólo 2.000 habitantes que vivía esencialmente de la pesca fluvial, la cría de caballos y algunas huertas de modesta importancia. En Coria pasaron los días antes de ser recibidos por las autoridades de Sevilla. La mayoría de japoneses que empezaron aquella aventura, incluyendo el samurái (mandarín) Hasekura, acabaron convirtiéndose al cristianismo. Cautivados por el lugar (Coria del Río), por la amabilidad de su gente y conocedores de que las autoridades de su país (Japón) habían iniciado una sangrienta persecución contra el cristianismo, muchos decidieron arraigarse en aquel pequeño pueblo, donde podían profesar la nueva religión sin perder el cuello (morir degollados). En este contexto, algunas mujeres, exaltadas por la novedad, decidieron casarse con aquellos católicos de ojos almendrados llegados del fin del mundo. Las primeras noticias sobre este inusual hermanamiento es del siglo XVII. De este siglo se encuentra la partida bautismal de un niño llamado Japón, hijo de un miembro del cortejo de Hasekura. En Japón todo esto era algo desconocido, como una historia oculta hasta el año 1989, cuando empezó a investigarse sobre la historia de la ciudad de Sendai, capital del territorio del señor feudal que impulsó esta embajada.*

Los habitantes de Coria del Río han conmemorado estos hechos. Y los descendientes de aquellos japoneses que tienen el apellido "Japón", totalmente integrados en Andalucía, han hecho suyas las manifestaciones de sus antepasados según explica el citado articulista Adolfo S. Ruiz.

El gran engaño. Terrible persecución

Cabe preguntarse si esta embajada obtuvo algún resultado: ¿Se cumplieron sus acuerdos y sus pactos? En nuestro artículo "Japón. El drama de la primera evangelización" (Barcelona, 2014, pág. 21) decíamos:" ...todo fue al pedregano al regresar a Japón, tanto Hasekura como Fray Sotelo fueron lanzados como una piel de plátano. Y más aún, a Fray Sotelo le quemaron (25-VIII-1624)". Como dijimos: Hasekura dependía del gobernador Masamune, y éste era un mal hombre, se cebó con todos aquellos que anteriormente le habían sido fieles antes del golpe de Estado que sufrió Japón en 1615. Ya no se habló más de las promesas que Masamune había presentado por escrito a Felipe III, según las cuales él se bautizaría y sometería al monarca español y que sería casi esclavo del Papa, y que Japón entraría dentro de la órbita de España. En todos estos acontecimientos, Masamune se manifiesta retorcidamente falso y sin principio moral alguno. Su falsedad se demuestra inmensa cuando le prometió al Papa que, si le ayudaba, todo Japón se convertiría al cristianismo. Por culpa de este hombre, mucho se perdió en las sucesivas persecuciones, y el cristianismo en Japón que alcanzaba la cifra de 300.000 fieles en las primeras décadas de siglo XVII, sufrió terribles persecuciones. La Iglesia católica sufrió muchísimo, pero sus fieles y sacerdotes dieron a toda la cristiandad un supremo testimonio de fe que perdura hasta nuestro tiempo.

En cuanto a Masamune, éste quiso demostrar a su superior (a Ijejasu y a su hijo) que nada tenía que ver con los que él llamaba traidores de Japón que según él aspiraban atentar contra Ijejasu. Y para demostrar lo que decía, fue el primero en empezar la persecución de cristianos en su territorio. La primera víctima fue el obispo de Funai Luís de Cerqueira. Este obispo, antes de morir, pidió que los jesuitas llevaran toda la diócesis.

Los suplicios -según explican las crónicas- fueron horribles: a muchos los quemaron vivos. En la población llamada Arima, por ejemplo, se formó una cofradía especial de posibles futuros mártires, los cuales se preparaban con oraciones y penitencias para recibir el don del martirio: "Se destruyeron todas las iglesias –dice un informe enviado a Roma por los jesuitas de Japón-. Nuestros religiosos jesuitas son desterrados, pero 20 de ellos se han ocultado gracias a los cristianos nativos japoneses. A éstos se les presiona para que apostaten. Pero ellos siguen con su fe hasta la muerte. 58 de ellos han dado su sangre por Cristo".

En 1616 moría el gran perseguidor Ijejasu, pero su hijo Hidetada no ayudó a mejorar la situación, ni mucho menos. En estas terribles circunstancias, los misioneros se disfrazaban de japoneses o de comerciantes europeos. Algunos buscaban escondrijos de los que sólo salían durante la noche. Se pintaban incluso la piel. En 1618 la persecución se extendió por todo Japón, pero el número de cristianos no disminuía. En 1616 fueron martirizados los franciscanos Pedro de la Ascensión y Juan de Marta, el jesuita Juan Bautista Machado y Tavorra, el dominico Alfonso Navarrete y el agustín Hernán de San José, además de muchos seglares japoneses.

En 1619 empezaron las ejecuciones en masa. Un capitán inglés llamado Richard Cocks fue testigo en dicho año en Kioto de cómo quemaban vivos a 55 cristianos, entre ellos incluso a niños de 5 años, los cuales morían en brazos de sus madres y éstas clamaban: "¡Jesús , recibe sus almas!". Entre ellos había incluso algún niño de

2 años. Las cárceles eran horribles. Existe alguna pintura o ilustración que lo atestigua, como la del jesuita Carlos Spínola.

Desde Europa no se levantó ninguna voz -salvo desde la propia Iglesia- contra tales masacres. Dice un jesuita: "En el Imperio del Sol Naciente en el año 1620 parece haberse desatado el infierno; de noche y de día ruge la persecución, pero los mártires dan un ejemplo que fortalece aún más a los desanimados. Si Dios permite que merme un poco la persecución, habrá conversiones en gran número. Así pues, -sigue la crónica- enviemos a nuevos misioneros, pero que se elija a los más pequeños de estatura (sic), para que nuestros cristianos puedan ocultarlos fácilmente". Es curiosa esta advertencia; ¡Se ve que la estatura podía ser el inicio de una gran tragedia!

En nuestro libro E*l drama de la primera evangelización...*, pág. 26-28 se encuentra el elenco de los 205 mártires de Japón, beatificados en 1867. Entre ellos consta el 29 de julio de 1627 en Omura, Luis Bertran, español (Barcelona -Vic), beatificado en 1867 por el papa Pío IX; Luis Sotelo, franciscano martirizado el 25 de agosto de 1624 en Scimabara; y Lluís Bertran (catalán), dominico martirizado el 29 de julio de 1627 en Omura.

LAS REDUCCIONES DE LOS JESUITAS

Las "Reducciones" instituciones peculiares, instrumentos también de interculturización y evangelización

Los guaraníes o avá eran unos pueblos indígenas sudamericanos situados geográficamente en Paraguay, noreste de Argentina (provincias de Entre Ríos, Corrientes, Misiones y parte del Chaco, Santa Fe y Formosa) y en el sur y sudeste de Bolivia (en los departamentos de Tarija, Santa Cruz y Chuquisaca). La denominación de guaraní, según las crónicas de los conquistadores españoles, procede de los gritos de guerra de este pueblo; la frase "guarà-ny" significa "combatirlos". El otro término, "avá" (también aplicable a ellos), significa en la lengua guaraní "hombre".

Los guaraníes en América Latina fueron colonizados por los españoles. Cabe decir también que, en principio, fueron evangelizados por los franciscanos y después por los jesuitas.

Los guaraníes constituían una de las tribus más extendidas en el continente sudamericano, sobre todo en su vertiente atlántica, de carácter migratorio y navegante, lo que ha llevado a algunos historiadores a darles el nombre de "fenicios de América Meridional". Les ayudarían en el desarrollo del plan singular que explicaremos, el gobernador Hernandias y Felipe III, que con sus reales cédulas de 1606 a 1609 aprobarían el sistema de las "Reducciones" ya felizmente experimentado antes por los franciscanos.

Las Reducciones eran como campamentos (o departamentos) de unas poblaciones indígenas, de gente ya bautizada, en parte autónomas y autóctonas. Los misioneros -primero los franciscanos y después los jesuitas- de América de sur, en la amplia región de guaraníes pretendían fundar estos departamentos -he aquí el origen de las reducciones-, a los que se incorporaría un conjunto muy amplio de otras tribus de guaraníes conservando la estructura indígena con sus líderes, pero adaptando su organización a lo que se consideraban correctas pràcticas de teología y moral de los cristianos católicos. Formaban parte de estas nuevas localidades todos los cristianos "indios". Con ello se pretendía que hubiera una unificación de localidades reducidas en los espacios en los que habitaban los guaraníes, también llamados "tekuas", llegando a sumar hasta 300.000 habitantes. En estos departamentos o "Reducciones" existía un control de recursos naturales provenientes del ecosistema de la selva tropical y del concepto de la llamada "tierra sin mal". Sin embargo, aunque eran autónomos no querían separarse del rey de España, al que estaban sometidos a través de las "audiencias" de Lima o de Buenos Aires. Pero al mismo tiempo tenían un aspecto de repúblicas.

Cada reducción tenía su caudillo y su corregidor. Éstos eran cargos vitalicios; había también un alcalde, así como unos personajes considerados "subalcaldes" que venían a ser alcaldes de barrio. Había también alguaciles, escritores, notarios, fiscales... Obviamente no podía faltar el cura o sacerdote con su "cura animarum"; éste intervenía en la parte espiritual e incluso era como un mentor y animador cultural. Se pretendía que al menos todo el mundo supiera leer. Todos los sacerdotes hablaban correctamente al guaraní.

No había monedas. Las transacciones económicas se realizaban mediante "trueque". Había coros musicales, danzas y artistas del lugar.

Del siglo XVII tenemos la siguiente estadística de las reducciones de los jesuitas: 30 pueblos o "Reducciones", de la cuales 15 en Argentina, 8 en Paraguay y 7 en Brasil.

Según estudios recientes cabe decir que los jesuitas fueron los continuadores del exitoso sistema de planificación demográfica ("Reducciones") que el virrey de Perú Francisco Álvarez de Toledo ideó en grupos reducidos –de ahí el nombre– llamados "reducciones" . También se denominaron "la república de indios". Empezaron en 1609 en Paraguay de la mano de Ignacio Guaza. Después los franciscanos las siguieron, y, finalmente con gran éxito los jesuitas.

Al principio las "Reducciones" de los jesuitas en las tribus guaraníes tenían un triple campo de apostolado: al oeste de la Asunción con los guaycurús; en Paraná con los guaranís y al norte, junto a río Paranapanema con los guayrás. Sin embargo, la acción iniciada por los jesuitas se centraría en Paraná con dichos guaraníes. En 1628 había 11 "reducciones" entre los guaraníes.

Entre 1628 y 1631 tienen lugar las invasiones procedentes de Brasil que devastaron a 9 de estas "Reducciones", siendo necesario trasladar más a sur hasta a unos 12.000 indios. En el mismo 1628 se abren algunas "Reducciones" nuevas en la orilla izquierda de Uruguay, pero fueron destruidas en 1637. En 1731 podemos hablar del auge de las "reducciones" jesuíticas con una población hindú cristiana que alcanzaba exactamente las 141.242 almas.

Evolución de las "Reducciones"

La primera idea de fundar las anteriores "Reducciones" jesuíticas parece que la tuvo Brasil, allá por los años 1550-1551, dos años antes de la llegada de los jesuitas a esas tierras. La principal expedición brasileña tendría lugar en 1586 a petición del Sr. Obispo de Tucumán. Los jesuitas serían los primeros evangelizadores de dichos guaraníes. Había jesuitas portugueses, españoles e irlandeses. Su superior sería el padre Saloni. En nueve meses pudieron bautizar a unos 6.500. Sin embargo, las primeras "Reducciones" paraguayas propiamente como tales se fundaron veinte años después.

De entre todas las misiones, sobresale la de los padres Marcial de Lorenzana, Francisco de San Martín y Roque González de Santa María. Estos tuvieron el acierto de visitar al franciscano fray Lluís Bolaños, que ya había experimentado una iniciativa de organizar en una agrupación ideal de lo que después se llamaría "reducción". Dichos padres después se dirigieron hacia el oeste, pensando en el establecimiento de la primera "reducción". Escogieron un lugar llamado Yaguaracamigtá, nombre difícil de retener, que ellos cambiaron sencillamente por el de San Ignacio Guazú (grande). Era la primera "reducción" en la que se ponía el mismo cacique (jefe) con su gente, a principios de 1610. Hacia 1613 ya contaba "con 6.000 almas, y con 160 chicos en la escuela". Así empezaría ya a plantearse el duelo entre misioneros y encomenderos. La solución definitiva se inclinaría hacia el lado de los misioneros. Surgieron enseguida nuevas "Reducciones": Itapúa y Santa Anna, sobre la laguna del mismo nombre, que se traspasaría a los franciscanos. Después, cabe mencionar: Yaguapá y Yuti.

Por fin se hicieron realidad las Reducciones del Guayrá, junto a los dos padres italianos Cataldino y Masseta. Esta región estaba situada en la parte de Brasil que colinda con el noreste de la actual república de Paraguay. En julio de 1610 se daba comienzo a las dos primeras reducciones: San Ignacio y Loreto. Esta última tenía ya una serie de bautizados por los padres Ortega y Filds. Se le añadirían los habitantes de otras 23 localidades vecinas, atraídos por las promesas de libertad que los misioneros les hacían. Por su parte, el padre Roque de Santa Cruz siguió recorriendo y fundando nuevas reducciones entre los dos grandes ríos: Paraná y Uruguay. En 1619 cabe mencionar como la primera de Uruguay la dedicada a la Concepción, con unas 500 familias. Aquí fijaría su residencia el padre Roque como primer centro misional de estas regiones uruguayas. En 1626 se creó la segunda reducción en San Nicolás Piratiní; y dentro ya del territorio brasileño (remontando Uruguay) la de Nuestra Señora de la Candelaria de Ibicuy. También se sumarían pronto las de San Francisco Javier de Céspedes, la de Nuestra Señora de los Reyes de Ypecú, la de Nuestra Señora de la Candelaria de la Asunción, y la dedicada a los Santos Mártires de Japón.

Víctimas del odio de quienes no aceptaban la evangelización, fueron los padres Alonso Rodríguez y Juan del Castillo, que fueron los primeros jesuitas que derramaron su sangre en las reducciones recién fundadas (fueron beatificados por Pío XI en 1934). Sin embargo, continuaron otras fundaciones de reducciones, y allí se reunían los nuevos bautizados formando, como veremos, una especie de repúblicas muy singulares.

Magnífica organización, a pesar de los "paolistas"

Nos preguntamos: ¿qué eran estas "Reducciones"? En primer lugar podríamos describirlas como configuraciones urbanísticas, configuraciones de gobierno espiritual y configuraciones administrativas civiles con una separación absoluta entre los indios y los españoles, ya que por institución de las mismas reducciones los españoles debían mantenerse al margen de ellas, quedando toda la administración en manos de los indios bajo la inmediata dirección y dependencia de los misioneros.

Por lo que respecta a la situación económica, cabe señalar que las "Reducciones" se mantenían por sí mismas a base de la agricultura y la ganadería en régimen privado, de posesiones particulares y de propiedades en común, con una particular administración en el cultivo y la exportación de la llamada "hierba de Paraguay" o "hierba mate" que se usaba en infusión, como el té o el café. Hoy en día todavía es muy conocida y bastante disfrutada. Así a menudo vemos a Messi con la "hierba mate" (a. 2024) e incluso al propio papa Francisco.

En cuanto a la administración de justicia, corría a cargo de los propios misioneros, sin la intervención del poder civil (español); sin embargo, no podían aplicar la pena de muerte.

En cuanto al "entrenamiento militar", éste corría a cargo de los propios misioneros, que antes de ingresar en la compañía habían servido en los ejércitos del rey; "entrenamiento" tanto más necesario en cuanto habían comenzado y se encontraban peligrosamente activas unas huestes que procedían de San Paulo de Brasil que sembraban el pánico por su violencia en cada una de las provincias que atacaban. Lamentablemente les era muy fácil atacar a las pacíficas "reducciones". Estas huestes, adversas a las reducciones, se llamaban "paolistas" por su procedencia (Sao Paulo), pero también eran conocidos con el nombre de bandeirantes o mamelucos (sic).

Las temibles y terribles incursiones contra las "Reducciones"

Hemos dicho que las "Reducciones" eran muy pacíficas por sí. Incluso en ellas se desarrolló una vida de piedad con una disciplina ejemplar. Sin embargo, esa paz idílica y mística se tambaleó debido a las terribles incursiones de dichos "paolistas". Su primera incursión se remonta a 1611, apenas fundadas las primeras reducciones. Pero las más terribles empezarían en 1628, cuando en el mes de agosto se presentaron en el Guayrá 400 paolistas, acompañados de unos 2.000 tupís.

Los "tupís" englobaban etnias que hablaban lenguas tupí-guaraní. La región originaria de los "tupís" era Roraima, enclavada en la selva amazónica. Eran muy belicosos. Se dice que en las guerras los tupís intentaban capturar a sus enemigos para después matarlos en rituales antropofágicos, en lugar de matarlos en batalla. En estas circunstancias los "tupís" empezaron capturando indios no cristianos, que iban atrapando por los bosques, pero un día fueron capturados 16 cristianos de las "Reducciones". Pasarían cuatro meses más hasta que se decidieran a atacar directamente a los de las "Reducciones" cristianas. El 30 de enero de 1629 atacaron la reducción de San Ambrosio, robando, quemando, matando y capturando a cuantos pudieron y cayeron en sus manos. Quienes pudieron escapar, huyeron a las montañas. En marzo siguiente le llegaba el turno a San Miguel, y también se acercaron a la de Jesús María, donde se encontraba el padre Massetta. Era la segunda reducción atacada. Con el botín en hombres y ganado, regresaron a sus cuarteles de Sao Paulo, seguidos, eso sí, por los misioneros en actitud de súplica o amenaza. Sería todo inútil por el momento.

Cabe señalar también un nuevo ejército de paolistas y "tupís" en los últimos meses de 1630 en el Guayrá, atacando a sangre y fuego las "Reducciones" cristianas. Ésta fue una invasión con las mismas características de pillaje y de sangre que la anterior. Para comienzos de 1631, de las 11 reducciones del Guayrá quedarían totalmente arrasadas 9. Quedaban intactas las de San Ignacio y Loreto. Según cálculo de los misioneros, habrían perdido, entre cristianos y paganos, unos 200.000 indios, no todos cautivos, pero muchos huidos a los bosques debido a los ataques "paolistas" y "tupíes".

El resultado de tantas incursiones hizo pensar que sería mejor, en lugar de restaurar aquellos habitáculos y campamentos, trasladar las reducciones a territorios más seguros. Se habilitaron unas 700 balsas y mediante el río consiguieron llegar a la otra orilla del río y establecer dos reducciones que conservaron el nombre de San Ignacio y Loreto. Eran 12.000 indios, únicos supervivientes de los casi 200.000 que en los días anteriores existían en Guayrá. ¡Una auténtica derrota!

Pasados unos años de calma, volvieron a repetir sus incursiones. La primera "Reducción" atacada fue la de Jesús María. Seis horas duró el ataque. El padre superior recibió una herida en la cabeza, y el hermano un disparo en un brazo, y no se hubiesen rendido si los "paolistas" no hubiesen prendido fuego a la iglesia, donde se habían hecho fuertes los cristianos. Escenas similares fueron repitiéndose en las "Reducciones" de Santa Ana. Ahora sus cristianos fueron trasladados a la de Natividad, bien defendida por un río. Pero los "paolistas" destruirían todo en las de San Cristóbal y Santa Ana.

En 1638 se repetirían las mismas crueldades del año anterior. En las anteriores incursiones se habían llevado a Brasil esclavos o cautivos hasta a unos 25.000 indios, según datos del padre Boroa en una carta al rey con fecha de 1639.

Las "Reducciones" se arman. Estadísticas. Los desafortunados pactos con los portugueses

Ante tal hecatombe, los jesuitas solicitaron permiso para armar a los mismos indios, incluso con armas de fuego, para que pudieran defenderse e ir reconstruyendo las "Reducciones". Se les concedió, pero no se les eximió del pago del tributo a la hacienda en un peso por cabeza.

Al entrar en la historia del siglo XVIII, en las "Reducciones" jesuíticas se puede dar las siguientes estadísticas: había: 17 pueblos de indios sobre los márgenes del Guayrá, y 13 sobre los de Paraná, dependientes de la gobernación de Buenos Aires. En 1702, la densidad demográfica alcanzaba un total de 89.501 personas, distribuidas en 22.761 familias. Al mismo tiempo habían empezado a esparcirse por Europa malévolas calumnias contra los misioneros de Paraguay.

Si la situación era ya calamitosa ante tantas incursiones, esclavitud, robos, violencias... más se agravó después con los pactos que hicieron Portugal y España. Desde hacía tiempo Portugal venía exigiendo a España algunas regiones de sur de Brasil, o mejor de Uruguay, donde estaban asentadas algunas de las "Reducciones". Se unía ahora el empleo por parte de Portugal de la colonia española de la isla de Sacramento. El marqués de Pombal ofreció una cesión de la colonia por ellos conquistada, mediante una cesión a Portugal del territorio uruguayo en litigio. El tratado bilateral se firmaba el 13 de enero de 1750. En la permuta entraba la cesión de las "Reducciones" en el citado territorio establecidas, obligando a cristianos y misioneros a un cambio de lugar, dentro del territorio español. La cláusula que los indios no quisieron aceptar, fue la que se refería a la cesión de los llamados "siete pueblos". Por fin esta oposición y negación determinarían una doble guerra, incluso contra las tropas españolas, que querían imponer por las armas el cumplimiento de los acuerdos del tratado. Lamentablemente los indios tuvieron que hacer frente a portugueses y españoles juntos. Y así los misioneros tenían un grave problema de conciencia: ¿cómo podían luchar contra aquellos que amaban como hijos espirituales? ¿Y cómo irían contra la corona y contra sus superiores por un tratado de simples límites? Al fin ganó la violencia: 26.686 nativos fueron trasladados y muchos fueron esclavizados: ¡qué vergüenza! ¡Y qué gran injusticia!

El penoso final de las "Reducciones"

Prácticamente las interminables guerras e incursiones terminaron con la destrucción de la estructuración de las ejemplares "Reducciones". A esto hay que añadir que, años después, los portugueses quisieron más territorios con sus "Reducciones" y se opusieron al tratado anterior, ya que querían más extensión de sus dominios. Sabemos que quienes sufrieron (en algunos casos esclavitud) fueron fundamentalmente los nativos. En todo caso, por la fuerza fueron trasladados de lugar 26.000 indios. 2.000 habían muerto en las operaciones militares y los demás habían sido transportados ignominiosamente a Brasil. Sin embargo, esta guerra se terminó en 1756 y los misioneros jesuitas intentaron restaurar las perjudicadas "Reducciones" consiguiendo en seis años (1756-1762) que aquellas siete "Reducciones" o pueblos que motivaron la guerra, renacieran, y en ellas se ubicaron 14.018 indios. Pero ahora empezaba otra guerra más difícil de superar y que acabó con la supresión de la propia Compañía de Jesús por Carlos III y por el propio Papa. A los jesuitas de Paraguay se les comunicó el decreto el 2 de enero de 1768, dejando definitivamente sus queridas "Reducciones" y sus indios. Los afectados fueron 38 misioneros, 31 reducciones y 91.045 indios.

Los continuadores (mercedarios, franciscanos y dominicos) no supieron mantener aquella maravillosa obra social, ética y cristiana. ¡Así se ahogó y se aniquiló una de las instituciones más importantes de la historia de la Iglesia, intento de inculturación y posiblemente de adecuada evangelización! ¡Así desaparecieron las "Reducciones" de los jesuitas! ¡Se perdió la gran oportunidad de llevar acabo una inculturación ejemplar del cristianismo! ¡Qué lástima!

Tres experiencias de interculturización

Objetivamente, las tres experiencias de inculturación (la de Matteo Ricci, la de Japón, y la de las Reducciones de los jesuitas), todas terminaron mal, o al menos parece que fueron un fracaso. Pero cabe decir que en la visión actual (a. 2024) aparecen (la primera y la tercera) como muy exitosas y positivas en el marco de la evolución histórica de la Iglesia, porque nos señalan el camino de una fructífera inculturación (o interculturización) que es tan necesaria actualmente en la Iglesia. Inculturación o nueva evangelización, o, si se prefiere, nueva encarnación del evangelio que al mismo tiempo bajo los signos de los tiempos, indican una mayor realización entre nosotros de la Iglesia sinodal, ya que se realiza el objetivo común "todos caminamos hacia un mismo fin en el encuentro de Jesús". Así se hace realidad una exuberante primavera a todos y todas los que profesamos nuestra fe en el libre pero tenaz seguimiento de la Iglesia, esposa de nuestro Señor Jesucristo.

REVISIÓN DEL CELIBATO

Habla el papa Francisco

Uno de los temas más cuestionados hoy en día (a. 2024) es el de la obligación del celibato por parte de quien quiere ser sacerdote: "Si quieres ser sacerdote de la iglesia latina estás obligado a someterte al celibato".

Jesús dice claramente: "Hay quien no puede casarse, porque sale así de las entrañas de la madre; a otros, los hombres les han hecho incapaces, pero algunos renuncian a casarse por causa del Reino de los Cielos" (Mt. 19, 12). La palabra que utiliza san Mateo es "eunucos" o incapaces de casarse. La repite tres veces. Es tomar la opción (en el caso tercero) de no casarse y ser un signo de la vida definitiva en el reino de los cielos. En esto consiste la vida -para mi- que estoy viviendo. Y me gustaría que nadie me impusiera en la opción al sacerdocio condición alguna. Sin embargo, acepto totalmente que la Iglesia, si lo cree oportuno, pueda exigir esa condición. Así deseo vivir íntimamente mi vida en Jesucristo. Pero, ¿qué nos dice la historia en nuestro país? Y más concretamente, ¿qué nos dice en la diócesis de Barcelona? Me complace hacer una pequeña síntesis; pero primero será útil saber qué dice el Papa sobre este tema, pues es una noticia que nos afecta y es muy cercana.

El papa Francisco, especialmente en los meses de marzo y abril de 2023, nos ha explicado que el celibato en la iglesia occidental es una "prescripción temporal" y ha recordado que los sacerdotes de la iglesia oriental están casados y tienen hijos, y también asegura que "no hay ninguna contradicción" para que un sacerdote pueda casarse (10 de marzo). El Papa, por tanto, no descarta revisar el celibato sacerdotal y afirma que a veces el celibato puede llevar a un machismo. Y continúa: "el celibato en la iglesia occidental es una prescripción temporal": "no se resuelve de un modo u otro, pero se provisora en este sentido; no es eterna como la ordenación sacerdotal que es para siempre. En cambio, el celibato es una disciplina".

Estas declaraciones las manifestó en una entrevista a un periodista argentino en el citado día 10 de marzo de 2023. Manifestaciones que recoge Europa Press, cuando al Papa se le pregunta por la posibilidad revisión del celibato, y responde: "Sí, sí". "De hecho todos (la mayor parte) los de la iglesia oriental están casados". Y pone un ejemplo. Sin embargo, se muestra escéptico ante la posibilidad de que gracias al "no celibato" puedan crecer las vocaciones sacerdotales. También apunta que alguna vez el celibato puede llevar al "machismo" y ha criticado que haya "curas" que no saben "trabajar con las mujeres" porque les "falta algo". Constata que el Vaticano, en tiempos pasados, era muy machista.

Por último, preguntado por si daría la comunión a una persona homosexual, respondió: "La gran respuesta la dió Jesús": ¡Todos! ¡Todos! ¡A dentro: todos!". Cuando los exquisitos no quisieron ir al banquete: ¡vayan ahí al cruce de caminos y llamen a Todos!: ¡Todos! ¡La Iglesia es para Todos! Y cada uno resuelva sus posturas ante el Señor con la fuerza que tenga. ¡Esta es una Iglesia de pecadores! La Iglesia de Santos no sé dónde está; aquí somos todos pecadores. ¿Y quién soy yo para juzgar a una persona si tiene buena voluntad?".

Francisco admite también que existen resistencias a su pontificado "como una actitud de autodefensa ante cualquier novedad", pero ha manifestado que "sospecharía de decisiones en las que no hay ninguna resistencia". Y sobre todo critica a quienes lo lleven al "bordo del cisma" porque "eso es lo feo". Admite también -así se deduce de otras manifestaciones suyas- que puede darse el caso de que él mismo renunciara al papado por falta de claridad: así dice textualmente: "Una falta de claridad de saber valorar las situaciones", así como el problema físico puede ser causa de dimisión: "Sobre esto siempre pregunto y me dejo aconsejar; pregunto: ¿cómo van las cosas? Te parece que debo (preguntar), incluso a algunos cardenales inteligentes. Y ellos me dicen la verdad: ¡sea usted, está bien!".

Una de las cosas que nunca podrá dudarse del papa Francisco es su sencillez y la claridad de sus afirmaciones. Obviamente él no define "ex cathedra", pero sus manifestaciones sí deben tenerse muy en cuenta y hay que reconocer que afectan a la historia y a la interpretación de muchos historiadores que quieren (queremos) permanecer dentro de la Iglesia fundada por Jesucristo.

Una idea constante del papa Francisco es que entre cristianos siempre es necesario que reine la misericordia. Ésta -también según nuestra opinión- es necesario aplicarla en épocas anteriores. La visión del historiador cristiano debe consistir en: captar siempre la verdad de la Iglesia y la de todos sus miembros, y también saber decir siempre la verdad, pero nunca dejarnos llevar por sentimientos por los que no se admite la misericordia. Concretamente cabe decir la verdad -en nuestro caso- de lo que sucedía día tras día en la iglesia barcelonesa de los siglos pasados. Nos referimos especialmente a las observancias (o no) de los preceptos del celibato y de la moralidad; sin embargo, a continuación, habrá que aplicar la misericordia y, al menos, tal vez, decir que la Iglesia no acertó del todo en los caminos no sólo de la justicia, sino tampoco en los de la misericordia. Además, nos tiene que doler mucho estar ante tanta miseria y falta de comprensión, e incluso no practicar algunos de los "derechos del hombre".

Una herida que debemos identificar y curar

Para curar una herida, antes es necesario detectarla y después curarla, y si es necesario vendarla. Así ocurre en la constatación de rupturas -por ejemplo- del celibato y de la moralidad en tiempos pasados, a las que habría que aplicar, a continuación, la misericordia. Así lo quiere el propio Jesús. ¡Por eso no debe escandalizar cuando mostramos históricamente tantas negligencias y pecados! Esto lo hacemos para conocer la verdad y para que estos estudios puedan servir para cambiar o mejorar nuestro camino de la auténtica vida cristiana, que siempre debe estar llena de misericordia. ¿Ha llegado el momento de realizar cambios de rumbo de la Iglesia en algunos aspectos y preceptos? Tanto en el caso positivo, como en el negativo, una visión exacta de lo que sucedía históricamente puede ayudar a la propia Iglesia actual. Al menos ésta es mi intención con el presente estudio, recordando, siempre, a todos aquellos que tanto han sufrido en el desmedido rigor, sin ninguna misericordia... La historia y el cristianismo deben ser solidarios en la misericordia hacia todas aquellas personas que han sufrido injusticias vejadas e infortunios. ¡Queremos ser solidarios con todas estas personas!; pero también queremos detectar los posibles caminos incorrectos que nos han llevado a situaciones deplorables, evocando especialmente a tantas víctimas de los comportamientos inaceptables de tantos clérigos cuestionados. Siempre hay que buscar la verdad y nunca desconfiar de la misericordia. Parece cierto, pues, que aquí y lo referente a la ley del celibato no ha sido demasiado oportuna.

¿Qué dicen las 862 visitas pastorales de Ponç de Gualba (a. 1303-1330) sobre la moralidad de los clérigos de la diócesis de Barcelona?

Estudiamos en otro trabajo las 862 visitas pastorales del obispo Ponç de Gualba[1] que, ultra ser las más antiguas de Europa, cons-

---

1 Ponç de Gualba (1303- 1334) Fue sobrino del obispo de Barcelona Gerau de Gualba (a. 1284-1285). Antes de ser obispo, Ponç acumulaba una canonjía en Mallorca y otra en Barcelona. Fue enviado embajador por Jaime II a la corte de Aviñón de Juan XXII. Impulsó la construcción de la Catedral de Barcelona invitando al maestro (arquitecto) Jaume Fabré y a Lupo di Francesco (escultor) de Pisa. Fue creador de las famosas series archivísticas de gran importancia: visitas pastorales, comunes, gracias... Fue exiliado por Jaime II en Mallorca debido a la cuestión de "no pago"a que estaban obligados los ciudadanos de Barcelona (los *laudemis*). Él (el obispo) les excomulgó y eso no gustó al rey, y por este motivo fue exiliado.

tituyen una fuente documental de primer orden. En estas visitas se observa que lo que más preocupaba al obispo Ponç de Gualba era que sus clérigos cumplieran el celibato, y no hacía otra cosa que lo que mandaba el Concilio Letrán (a. 1215). El canon de dicho concilio nº 14 dice:

"...statuimus ut qui fuerint in continentiae vitio labore, prout magis aut minus peccaverint puniantur secundum canonicas sanctiones".

"Si quis igitur, hac de causa (incontinentiae) suspensus, divina celebrare presumserit non solum ecclesiasticis beneficiis spolietur verum etiam pro hac duplici culpa perpetuo deponatur"

"Prelati vero, qui tales praesumpserit in suis iniquitatibus sustinere, maxime obtentu pecuniae vel alterius commodi temporalis, pari subiaceant ultioni".

A continuación, en el citado Concilio Letrán IV algunas diócesis aplicaron estos cánones, así por ejemplo en Lleida: celebrado el concilio diocesano de 1229, se impuso totalmente a todos los que se ordenaban el riguroso celibato; y en Barcelona ya hay indicios en este tiempo de que también se quiere imponer el celibato a todos los ordenados "in sacris" mayores. En un principio no se ven los frutos, y habrá que esperar al menos un siglo. Buena muestra de lo que hemos dicho son las visitas pastorales del obispo de Ponç de Gualba, ya que el número de acusados de no cumplir con el celibato es abrumador. Era habitual que junto a muchos curas hubiera una mujer considerada concubina, o mujeres que se hacían pasar por "mayordomas", pero que en realidad eran esclavas de una situación tan penosa e indigna de la dignidad de toda mujer, e incluso había clérigos que convivían maritalmente con esposas de otros esposos. Y no sólo había quien tenía una, sino dos o hasta tres amantes. Un espectáculo muy triste: al menos, es necesario lamentar en muchos casos que la mujer no era libre ni mucho menos respetada. Se abusaba de ella, y lo más grave era que los hijos fruto de estas circunstancias eran discriminados y señalados durante toda su vida. Las consecuencias eran nefastas. Sin embargo, se podía dar el caso de que hubiera también rumores sin objetividad: simples rumores…, pero, hay que decir que el problema era gravísimo.

Sin embargo, no parecía que esto preocupase excesivamente a la misma feligresía. Ésta sabía muy bien que los clérigos eran cómo eran, y a menudo deseaban que recibieran el perdón que les podía ofrecer el obispo o el visitador, y veían como lo más normal que el obispo les pidiera dinero para pagar la pena por la falta que habían cometido, y lo que es más sorprendente, que se mercadeara con la pena (multa) económica tanto en los plazos que juraban cumplir, como en la cantidad última a pagar. En casos especiales se dice que se les impone una pena medicinal "salutaris", que consistía en rezar salmos o peregrinar, por ejemplo, con los pies descalzos a Montserrat. En otros caos se hacía la llamada "purgatio" espiritual tal y como expondremos.

Evolución de la observancia del celibato

Hay que decir que nuestro obispo Ponç de Gualba quería imponer el celibato, y posiblemente al final tuvo algunos éxitos; porque si comparamos su pontificado con el del Patriarca Francesc Climent -llamado "Sapera"- de principios del siglo XV, podremos ver la diferencia[2]. Leyendo la documentación de este último pontificado, no aparecen tantísimos casos del incumplimiento del celibato. Creemos que este silencio demostraría que Ponç de Gualba salió bastante bien en la lucha contra el incumplimiento del celibato. Nos hemos adentrado en la documentación del Patriarca -que tenía fama de santo- y hemos transcrito también sus visitas pastorales, y en la ma-

---

2 J. M. MARTÍ BONET, *Novum Speculum Titulorum Ecclesiae Barchinonensis*, Vol. V/1 pág. 32 (Barcelona 2021).

yoría de sus documentos los resultados comparativos indican que un siglo después los curas cumplían más con el celibato. La reforma que quería Ponç de Gualba en gran parte se impuso siendo el Letrán IV norma de vida para muchos clérigos de Barcelona. Sin embargo el problema estaba latente. Un año después del concilio Tridentino es aun más riguroso; ningún cura de la iglesia latina pudo escapar de la disciplina del celibato. Sin embargo, hay que adentrarse en las visitas pastorales del siglo XIV y observar en los diversos casos que explicamos el mal vivir de aquellos protagonistas de las visitas.

El incumplimiento del celibato era castigado normalmente con duras penas pecuniarias: concretamente con 60 sueldos, por ejemplo, que para aquellos curas era una fortuna. Esta suma hoy serían de unos 3000 euros.

Los procesos contra los sacerdotes no célibes se dividían en distintas fases: la acusación, la respuesta o confesión del sacerdote, la sentencia y las penas impuestas. En repetidas ocasiones el sacerdote acusado se defendía afirmando, por ejemplo, que él ya había sido absuelto por alguno de los obispos anteriores: Bernat Pelegrí (1288-1300) y/o Bernat de Gurb (1252-1284). El sacerdote perdonado recibía una carta (llamada "littera absolutionis") en la que constaba que había sido perdonado. Los sacerdotes concubinarios tenían la obligación de despedir de inmediato a las concubinas, y se comprometían a no reunirse con ellas en un lugar sospechoso. En caso de ser reincidentes, se les imponían -o él mismo se imponía- penas más fuertes, y si ni así hacían caso, eran enviados al Papa para que él mismo les perdonara. Existe el caso de un sacerdote que fue a Roma, pero que dice que durante el camino perdió la "littera absolutionis" papal. En caso de ser acusados por tercera o cuarta vez, les quitaban el beneficio -así no podían subsistir-, y en casos extremos incluso podían ser expulsados de Catalunya. De todos estos extremos, presentaremos a continuación un estudio muy concreto y la especificación de temas que se derivan. Creemos que es de gran interés en estos días que se ha celebrado el sínodo de los obispos, sacerdotes, laicos y laicas en Roma (octubre de 2023).

Procesos concretos

De los procesos contra clérigos del año 1303, destacan dos: el del párroco de Torrelles Mn. Bernat Guad (Glossa 65 MA 30307)[3], y el del rector de la iglesia de Font-rubí, Mn. Ferrari Claver.

Mn. Bernat Guad tenía relaciones carnales con la hija del Señor de Magre; la chica, además, era consanguínea del párroco. Éste tenía hijos. En concreto uno, que con él celebraba misa, es decir que, "descaradamente", era ayudado a decir misa por su propio hijo. Pero también hacía de monaguillo -se nos dice- un hijo del carpintero, que a pesar de no ser clérigo sabía el "confiteor, Kyrie eleison" y la epístola de los difuntos. El párroco bautizó a su propio hijo. Sabemos también que con la misma chica –dicha hija del Señor de Magre– tuvo otros dos hijos. Sin embargo, el obispo anterior lo absolvió, y Ponç de Gualba le perdonó su pecado.

El otro caso, el párroco de Font-rubí a 19 de julio de 1303 se llamaba Ferrari Claver, y consta que tuvo relaciones carnales con una chica llamada Raimunda Sabater, con la que tuvo varios hijos. El párroco confiesa que lleva tres años sin relaciones con ella. El obispo, por las culpas y pecados pretéritos, le condena con 30 sueldos, y si no cumple se le duplicará; tiene tiempo para pagar hasta la festividad de Todos los Santos: es necesario que pague los 30 sueldos (Glossa 66).

El presbítero Miquel de Granollers, regente de Castellvell, tiene en dicho castillo a una mujer que ya está casada. Dos sacerdotes dan testimonio de ello. El obispo le perdona porque es pobre, pero du-

---

3 Utilizamos las abreviaturas *MA* y *Glossa* para indicar las siguientes publicaciones: MA.: J.M. Martí Bonet – J. Alarcón, *Elencs dels resums de documents de "Novum Speculum vol. VI- X", y "glossa"* = J. M. Martí Bonet- L. Niqui, *Glossa a Ponç de Gualba. Visites Pastorals (1303-1330)* (Barcelona, 2017).

rante todos los viernes de la próxima Cuaresma deberá hacer ayuno a pan y agua (Glossa 66).

Del año 1305, podemos destacar un proceso del 19 de enero de 1305 contra siete clérigos que fueron acusados en Sant Celoni: Pedro del Valle párroco de Vilardell, Pedro Tort párroco de Llinars del Vallés, Berenguer de Ribalta presbítero de Sant Celoni, Jaume Ribalta clérigo de Sant Celoni, Garich párroco de Mosqueroles y Berenguer de Villatort clérigo (Glossa 65, MA 30221).

En la visita a Palaudarias del 21 de diciembre de 1305 se acusó a Guillermo de Soler, párroco de Palaudàries, de adulterio con la esposa de Bernat dez Roure. Ésta tuvo un hijo que era muy parecido al párroco, y por eso Bernat, una noche, lo llevó a la puerta de la rectoría, y no lo hizo precisamente para bautizarlo; decía que era de justicia que el auténtico padre lo alimentara, o sea que daba por supuesto que su padre era el cura (Glossa 66).

En la visita del 23 de marzo de 1306 a Molins de Rei, acusan al párroco Mn. Guillem Bugatel de relacionarse carnalmente con la "tejedora" María, que durante dos procesos ha sido acusada (Glossa 67 MA 30194).

En 1307 hay tres acusaciones frapantes: la del beneficiado de la catedral Mn. Francisco, la del párroco de Marata Mn. Fábrica, y la del párroco de Codines Mn. Bonanat de Rippa. Dicho beneficiado de la catedral tenía "un asunto" con una mujer que era motivo de gran escándalo, pues todo el mundo sabía que pecaba con ella, y después de muchas advertencias el obispo le quita el beneficio; sin embargo, el obispo, movido por la instancia y recomendaciones de muchos amigos, le cambia la pena por otra no tan severa, que consistía en jurar que no volvería a pecar, o si lo hacía en el período de un año no tendría el beneficio de la catedral y permanecería durante dos meses en prisión "a pan y agua" (Glossa 67 MA 30108). La segunda acusación del párroco Fábrica es muy amplia y penosa. Tiene relaciones carnales con una mujer llamada Sibila. Se afirma que cuando va a Granollers para vender trigo, vino y otras cosas, siempre se hospeda en casa de Sibila. "Todo lo hace con ella" en los mercados de Granollers. También Mn. Fábrica es acusado por el hecho de que las monjas del monasterio de Montalegre suelen ir a su casa; se dice que él las recibe en su casa e incluso en una misma habitación donde hay dos camas: una para él y otra para las monjas. Esto provoca un gran escándalo. Ya fue amonestado pero siguió recibiendo a la priora del monasterio, que compartía habitación porque "ella no sabe dónde dormir" (Glossa 67 MA 30179-30184).

La tercera acusación se refiere a la de Mn. Bonanatus de Riba con una mujer llamada Dolça Sala. Ésta, viendo que el párroco se entendía con otras mujeres, por celos, le agredió tirándole piedras e hiriéndole en la cabeza (Glossa 68 MA 30108).

Del año 1310 cabe destacar tres acusaciones a los rectores Ramon de Puig, Guillem Serrador y Jaume Ferrer. Del primero se dice que se encontraban "solus cum sola" en una habitación con la esposa de Pere Gatell. Se nos dice que hay testigos según los cuales "oyeron los sonidos típicos de la unión carnal". Incluso los encontraron en el corral. El obispo exigió que Mn. Pedro hiciera la correspondiente purgación. Todo ello acabó cuando el obispo y párroco establecieron el pago de cincuenta sueldos, de los cuales cuarenta los daría inmediatamente gracias a un amigo (Guillem de Cànoves), y el cura juró que entregaría los 10 sueldos que faltaban en ocho días, añadiendo sin embargo, una saludable penitencia (espiritual). (Glosa 68).

El segundo caso es el de Mn. Guillem Serrador, que confiesa que los padres de la chica Na Ginereta se la entregaron virgen y él juró que no abusaría de ella. Pese a todo, pecó, y cuando el obispo los visita, Ginereta estaba en estado (Glossa 68).

El último caso es el del párroco de Cabrera de Mar, Mn. Jaume Ferrer, que entregó las casas de la parroquia a su concubina. Se dice que regresó de Barcelona con el "vientre vacuo" y que no saben si la hizo abortar o dio o vendió la criatura (Glossa 68).

Del mismo año 1310, se afirma que un monje, antes de ser ordenado "in sacris", tuvo una hija con una concubina. Sin embargo, parece que esto no fue impedimento para ordenarse (Glossa 68).

Entre los años 1310-1329 podemos destacar los siguientes casos:

- El párroco de Salomó, tiene una concubina "in mensa et in lecto sicut vir uxoratus" y alimenta al hijo e hija que ambos tienen. "Las otras mujeres del pueblo están celosas" (Glossa 69).

- El párroco de Mosqueroles Mn. Çolivera tiene relaciones carnales con Romina dez Pedro. Los hijos no sabe si son suyos, pues esa mujer es muy "voluble". Pero el párroco dice que siempre lo han hecho escondidos (Glossa 68 MA 30212).

- El párroco del Estrach de Llavaneres Mn. Bartomeu Bragat lleva 30 años con relaciones con una mujer, y de ella tiene hijos e incluso nietos (Glossa 69).

- El párroco de Puigtinyós tiene relaciones carnales con una tal Elisenda, pero los hijos no sabe si son suyos o del marido de ella (Glossa 69 MA 30226).

- El párroco Raimond Costa de Subirats dice que no pecó con una mujer llamada Elisenda, pero que sí lo hizo antes, hace 14 años, por lo que ya pagó 20 sueldos (Glossa 69).

- El párroco de Sant Vicenç dels Horts tenía tres concubinas que eran Na Guyona, la mujer de Domènec Mayer y la sobrina de Bernat Senerii. Tiene muy mala fama (Glossa 69).

En Vilafranca, en 1326, se acusó a nueve sacerdotes de vivir en concubinado, pero ellos no tenían el cargo en Vilafranca, sino en poblaciones vecinas (Glossa 69).

Del presbítero beneficiado de Vilamajor Mn. Ponç Cortés, se dice que no hay forma de que deje de tener relaciones carnales con mujeres; siempre vuelve "como el perro que se come sus vómitos" (Glossa 69 y 139).

Por último, cabe decir que hay zonas en las cuales parece que se encuentra normal que los sacerdotes no sean célibes, especialmente en Palautordera y en amplias zonas de las parroquias del Montseny; de ahí se dice que muchos curas viven con sus concubinas y que difícilmente se corrigen (Glossa 69 MA 30257-30269 y 30280-30302). Existe el caso del párroco de Masquefa del cual se dice, como algo extraño, que vive "honeste" (Glossa 69).

Las expresiones de que hacen el acto carnal van desde "rector habet rem cum ea" hasta "iacet in eodem lecto", "solus cum sola", "nudus cum nuda", "decepit et defloravit ac etiam impregnavit", "vidit eum iacentem super uxorem" (Glossa 70).

Muy lamentable -según dice el texto de la visita- es que algunos cometían incesto, o sea, se unían a mujeres consanguíneas u otras aberraciones (Glossa 70).

Los hijos de los sacerdotes no pueden ayudar a sus padres a decir misa

Una de las acusaciones más impresionantes es la del sacerdote que celebraba misa con su hijo "espurio"; esto era una degradación (de por vida) de una persona inocente: "el hijo de cura".

- El párroco de Torre de Ferran, Mn. Bernat Carbó, tiene hijos naturales y celebra con uno de ellos como monaguillo. Éste se llama Bernat (Glossa 70).

- El párroco de Palau-solità tiene en Barcelona a una mujer llamada Jacmeta, de la cual tiene un hijo y una hija. Este hijo le ayuda como monaguillo en el altar (Glossa 70). Lo mismo cabe decir del párroco de Santa Eulàlia de Ronçana, Mn. Pere Molins (Glossa 70 MA 30279) y del párroco de Salomó (Glossa 70). Otras veces había rectores que engañaban al obispo presentando a los hijos naturales a la tonsura, ya que ser clérigo representaba posiblemente solucionar la vida de una familia en el aspecto económico (Glossa 70).

"... iban a Barcelona, al obispado"

Si el tema era muy complicado y muy grave, el obispo llamaba al clérigo para celebrar un juicio a la curia de Barcelona o con él personalmente, y se iniciaba un proceso en toda regla.

Hay que ver, pues, el elenco de los procesos del tribunal eclesiástico, algunos de los cuales hemos elencado en lo que es un índice de procesos (presentado en el volumen IX del *Novum Speculum*) que se encuentran en la serie denominada "Procesos", muy amplia pero que del siglo XIV solamente tiene 35 procesos. Del siglo XV hay 1936, de los que destacamos una docena que son los siguientes: - a. 1404 (Serie Procesos nº 67) Original de la investigación comenzada contra el discreto Pedro, presbítero del Arbós. Concubinaje. - a. 1407 (Serie Procesos nº 1010) Investigación recibida por el sacerdote Gerau. Interviene el fiscal. -a. 1418 (Serie Procesos nº 313) Clérigo escandaloso de Sant Esteve ses Rovires rector. - a. 1420 (Serie Procesos nº 359) Artículos de testigos. Acusación hecha por A. Caules. - a. 1425 (Serie Procesos nº 506) Clérigo inmoral de Sant Boi. Procurador fiscal contra Jaume Oliveres presbítero (MA 30250 Y 30251). - a. 1444 (Serie Procesos nº 881) Fiscal contra Bernat Valls rector de Canovelles. - a. 1471 (Serie Procesos nº 1319) Joan ça Roca párroco de Caldes de Montbui contra jurados de dicha villa: Acusaciones al párroco. - a. 1474 (Serie Procesos nº 1349) Fiscal contra Almenare. Deshonesto. - a. 1487 (Serie Procesos nº 1591) Joan Torrents presbítero concubinario. - a. 1487 (Serie Procesos nº 1596) Los hijos naturales no podían ser clérigos sino recibían una dispensa. - a. 1489 (Serie Procesos nº 1630) Impedimentos de los hijos naturales. – a. 1490 (Serie Procesos nº 1663) Hijos ilegítimos. Impedimentos.

Podemos presentar otros casos

- El Sr. Obispo citó a través del "nuncio Peregrino" a Mn. Costa de Olzinelles. Allí le juzgó y le amonestó que si volvía a vivir en concubinado, le quitaría el beneficio (Glossa 71 MA 30218).

- El clérigo Pere Porta del Arboç no sólo vive con una mujer llamada Borroza, sino que también influye para que muchos jueguen a juegos prohibidos, llevando "así la destrucción al pueblo". Lo cita en Barcelona y allí le impone una pena de 20 sueldos que el clérigo juró hacer efectivos antes del día de Ramos. El documento dice que una vez reciba esta comunicación, tendrá cuatro días para deshacerse de la concubina. También se le impone una penitencia (lectura de salmos) (Glossa 71).

- El párroco de Monistrol d'Anoia debe aportar durante "el próximo sínodo" los documentos que expliquen su actitud, en el celibato y especialmente por el establecimiento de una tierra que es de cuatro cuarteradas propiedad de tres parroquianos: Romeu Cabot, Jaume Sabater y Pere Marchet (Glossa 71).

- Mn. Bernat de Ortals, beneficiado de Montornès, tiene públicamente una concubina en Sabadell. Lo cita en Barcelona, porque nunca había sido absuelto antes (Glossa 71 MA 30208).

- Haciendo la visita al Vallès, el obispo manda que Mn. Guillem Vilamajor, párroco de Santa Susanna, comparezca ante él, pues está acusado de haber "desflorado" una chica llamada Elisenda que vive en Barcelona. Es perdonado, pero debe entregar al obispo 40 sueldos (Glossa 71)..

También existen muchos casos de la denominada "purgatio" que se imponía a los curas que habían cometido delitos contra el celibato:

- Mn. Bartomeu Passada, presbítero beneficiado de Sant Sebastià de Mediona, es acusado de adulterio. El obispo exige que se presente ante el dean del Penedès y "se purgue" (Glossa 71). La purgatio, pues, era como un pequeño juicio donde tres o más presbíteros, diáconos o clérigos señalados y de buena fama, imponían una penitencia proporcional (lectura de salmos, evangelios... o ayunos o peregrinaciones) a quien era acusado.

- Mn. Pere Fábrica de Marata es acusado de tener concubinado con una chica llamada Sibila y otras dos que estaban casadas. Se le quiere imponer una purgación (con juicio): cuatro presbíteros y cuatro parroquianos de buena fama (Glossa 71 MA 30180).

- El obispo no pudo realizar la visita ("Inquisitio synodalis") porque no se le presentó la gente. Dice que les cita en Barcelona. También se encuentran citaciones de seglares (Glossa 72).

La denominada "purgación", como hemos dicho, era como un juicio en el cual se imponían penas saludables (rezar el salterio, aplicar una misa, cantar una misa de difunto, peregrinar normalmente a Montserrat...). La hacían presbíteros de buena fama y alguna vez se concretaba que debían ser de la misma orden, o sea, si el purgado era presbítero por 3 o 4 presbíteros, si era diácono por diáconos, si era subdiácono por subdiáconos, y si era clérigo por clérigos. Todos estos debían gozar de buena fama.

Véase, por ejemplo, el caso de Mn. Philipus Jacobus, que fue absuelto de varios adulterios por el obispo anterior Bernat de Barcelona, pero quedó de nuevo difamado. Tres presbíteros de buena fama hicieron la purgación (Glossa 72).

- Berenguer Rabaza, presbítero, tiene como concubina, públicamente, a una chica llamada Ribota. Es citado ante el obispo y se le impone una purgación con cuatro presbíteros y el *degà* del Penedès (Glossa 72).

- Mn. Berenguer Arcs tiene una mujer que habita en el "operatio domorum" de Berenguer de Avinyonet, soldado, y tienen relaciones carnales. El obispo le impone una purgación con cinco presbíteros bajo supervisión del *degà* del Penedès. En cualquier caso se le perdona, ya que es muy pobre y no podía pagar al obispo "els sous" correspondientes. En caso de volver a pecar, se le prohibiría volver a entrar durante un mes en la iglesia, y debía buscar el perdón acudiendo al Papa "iter arripere versus papam". Sin embargo, finalmente se le impone una pena de 25 "sous" (Glossa 72). Véase también las visitas a Vilademàger, Santa Susanna, Corró d'Amunt (Glossa 72), Subirats y La Bisbal (Glossa 73).

Hay que mencionar también las purgaciones en Cardedeu del 21 de noviembre de 1321 (Glossa 73), de la visita a Vilafranca del Penedès el 19 de marzo de 1326 (Glossa 73), y a Santa Fe, muy cerca de Vilafranca.

Muy a menudo el párroco se defiende negando que fuera verdad su incontinencia, pero incluso en caso de difamación, era necesaria una purgación, como por ejemplo en un caso de Sant Pere de Vilamajor. Lo mismo podemos decir de Pacs, de Subirats, y de otras dos visitas los años 1321 y 1326 (Glossa 74).

La purgación de Mn. Berenguer Guamir, párroco de Alfou, fue de "septem manum sui ordinis" (7 presbíteros). Y la "purgatio" debía hacerse antes de la festividad de la Virgen de Agosto de 1326.

En las constituciones sinodales se mandaba que el obispo aplicara sanciones económicas a los pecados contra el celibato. Obviamente, todo el texto de las 862 visitas pastorales de Ponç de Gualba está impregnado de una imposición constante de pensas de al menos 60 "sous", que podía ser fraccionada en dos o tres plazos. Estas cantidades parecen ser recibidas por el procurador diocesano Mn. Nicolás de Sales, pero en alguna ocasión lo recibía el propio obispo o el secretario. Muy probablemente, este dinero iba destinado a la construcción de la actual catedral gótica, y en pocos casos a la construcción o restauración de alguna iglesia pobre.

Podríamos presentar una gran muchedumbre de ejemplos, pero sólo recordaremos estos (Glossa 75): - Sant Quintí de Mediona (19 de julio de 1303). - L'Arboç (28 de julio de 1303). - El Vendrell-Calders (29 de julio de 1303). - Cubelles (1 de agosto de 1303). - Gavà (3 de agosto de 1303). - Cerdanyola (20 de diciembre de 1304). - Dosrius (16 de enero de 1305). - Mosqueroles (23 de enero de 1305). Todos estos casos son muy lamentables y demuestran que había muchos clérigos y aun sacerdotes que no eran célibes, ya que posiblemente no se presentaba el verdadero sentido positivo del celibato, que es una unión mística con Jesucristo y no una mera renuncia al matrimonio. A pesar de todo, el problema estaba presente. No se podía solucionar simplemente imponiéndolo.

En su contexto espiritual el celibato aporta casi siempre muchas ventajas a la Iglesia. Buen ejemplo de ello es la Reforma gregoriana y otras muchas reformas que supusieron un gran bien para la Iglesia. Esto no quita que se pueda estudiar la oportunidad de tal imposición.

La prisión episcopal

A menudo la fase última de punición contra la ruptura del celibato era la cárcel. Con mucha frecuencia aparece la pena de prisión episcopal, que suponía el ayuno a pan y agua por lo menos durante un mes. También este ayuno, en penas pequeñas, se imponía, por ejemplo, durante todos los viernes de Cuaresma. Sin embargo, la "pena clásica" era estar al menos un mes en una de las múltiples cárceles episcopales: Caldes, Castellbisbal, Sant Adrià del Besòs, Olesa de Bonesvalls, y por supuesto la que había en los sótanos del palacio episcopal, que posteriormente pasó a la segunda planta, muy cerca de donde se encuentra actualmente el Archivo Diocesano de Barcelona.

- Un caso muy clamoroso fue el del clérigo casado Pere Loreta, acusado de asesinar al ciudadano Bernat Riera. La pena que le fue impuesta fue la cárcel; sin embargo, debido a la intercesión de muchos de los prohombres de Barcelona, se le suavizó la pena, teniendo muy presente, sin embargo, que nunca más "haría una injuria al derecho". El obispo así lo manifiesta a través de un documento del 19 de marzo de 1326.

- A Mn. Martí Sicilia de Ripollet se le amenaza con un año de cárcel si vuelve a pecar. Su delito fue dejar en estado a su sierva Saurina (MA 30233).

- Mn. Romeu de la Verneda, presbítero de Granollers, afirma que un compañero suyo lleva tiempo en la cárcel. Éste se llama Mn. Pere Noguera que habría pecado con una mujer de Corró llamada María. Al final, al afirmar que lleva dos años sin ir con ella, solicita que se le modifique la pena, que por voluntad del Sr. Obispo será el pago de 100 "sous" (MA 30148).

... humildemente, confesó

Pese a que el acusado podía defenderse, en la mayoría de los casos se dice que "confesó su pecado *per sacramentum*", es decir, jurando y poniendo como sagrada referencia su carácter sacerdotal "*per sacramentum sui ordinis*". Sin embargo, a menudo se dice que ya fue perdonado anteriormente, y hay que presentar las letras absolutorias de obispos anteriores o incluso del Papa. Obviamente se volvía a perdonar si se había reincidido, pero la pena era mayor.

También existen casos en los que se perdona también la pena de 60 "sous" que decían las constituciones sinodales (Glossa 77). Hay que observar las distintas absoluciones; todas ellas serían dignas de un buen estudio, y se vería que en el interior de aquel clero había tanta sinceridad hasta el punto que puede decirse que después de un año la reforma había llegado ya. Hemos destacado doce casos, en los cuales los acusados finalmente lograron el perdón: 1- Miralles. Absolución obtenida del obispo anterior. 2- Lavern. Muchas reincidencias en la culpa. 3- Vilafranca del Penedès (Mn. Celoni que recae). Anticipó 10 sueldos. 4- Terrassola. Fue antes absuelto por el decano. 5- Sant Quintí de Mediona. Anticipa 15 sueldos para las obras de la Catedral. 6- Mayor. Ya lleva tiempo sin pecar. Fue absuelto por el anterior obispo. El actual le perdona totalmente. 7- Selma. Pecaba ya en tiempos de Arnau de Gurb. 8- Selma (Mn. Miró). Viaja a Roma. 9- L'Arboç. Se le impuso una penitencia saludable. 10- La Geltrú. Absuelto por el obispo anterior Fray Bernardo. 11- Gavà. Dio dinero para la catedral de Barcelona. 12- Santa Coloma de Cervelló. Se pagó incluso al nuncio. 13- Cornellà. Perdonado por el anterior obispo (Glossa 77).

De los años 1304 a 1306, destacamos (Glossa 78) : 1- Cervelló vell. Pactó con el obispo 50 sueldos. 2- Tiana. Absuelto por el anterior obispo. 3- Terrassa. Mn. Aguiló "clergue fornicator". 4- Terraza. Diácono Mn. Bartomeu. 5- Terrassa. Mn. Jaume Celer prometió dar 8 sueldos antes de la festividad de la Asunción. 6- Santa Eulàlia de Ronçana. Los amigos insistieron tanto, que el obispo le perdonó gratuitamente. 7- Plegamans. El rector no cumple con el pago. 8- Mataró. Lo perdonó a instancias del Sr. Guillem de Sant Vicenç. 9- Vilardell. Pena económica y pena saludable. 10- Riells. El obispo impone una pena de 8 sueldos. 11- Llinars del Vallès. Días de ayuno y pena económica. 12- Monistrol d'Anoia. El párroco tiene la concubina en Vilafranca del Penedès. 13- Cubelles. El obispo "absolvit R. Vedel rectorem ab omnibus", pero le impone una pena de 100 sueldos. 14- Vilafranca del Penedès. Dos hermanos llamados Dalmau pecan. 15- Vallromanes. Resolución contra Mn. Guillem Arnau. 16- Sant Esteve de Palautordera. Inquisición y penalidad. 17- Lliçà d'Avall. El Papiol y Salomó (Glossa 78-79).

Los sacerdotes de la cercanía de Granollers (Glossa 80)

Durante el mes de octubre de 1305 el Sr. Obispo visitó Granollers, y allí se enteró por los curas residentes en Sant Esteve de Granollers de que era muy frecuente que, al menos siete sacerdotes de los alrededores, aprovecharan el mercado para ir y mantener relaciones carnales con sus concubinas, que aquí tenían sus habitáculos. Era, pues, un gran escándalo y en el mercado no se hacía otra cosa que hablar de estos rectores y de las "malas mujeres" (Glossa 80 MA 30131-30153). Así consta de los rectores de Canovelles, de Cardedeu, de La Roca del Vallés, de Bigues y de Caldes.

"A pan y agua, ir a Montserrat, dos años de exilio, rezar los cuatro evangelios y los salmos, no poder entrar en la iglesia..."
(Glossa 80 y 81)

Del año 1308 tenemos dos informaciones de notable interés para conocer la evolución de las penas impuestas a aquellos que no observan el celibato. Se nos dice que la pena a pagar es rebajada a 30 sueldos en el caso de concubinato, y la reincidencia puede comportar penas de prisión de hasta tres meses a pan y agua.

En el proceso contra Guillem de Romanino, subdiácono de Sant Joan Despí, se le impone como pena la lectura de los cuatro evangelios, ir descalzo "ad beatam Mariam de Montserrato" y el ayuno durante todos los viernes durante medio año. Si aún así reincide, se obliga a la pena de prisión de dos meses a pan y agua de forma absoluta (Glossa 419).

Del año 1310 cabe destacar: 1- Visita a Martorell. A Bernat de Sant Esteve, que ha tenido un hijo con una concubina, se le impone el castigo de permanecer ocho días sin entrar en la iglesia y a preparar el viaje a la curia papal "ad impetranda absolutionem" (Glossa 437). 2- En Miralles a Mn. Gerald Domènech el obispo le hace rezar un salterio, subir a Montserrat con los pies descalzos, y si vuelve a pecar se le impondrán penas mayores "vadat discalciatus"(Glossa 469). 3- Un castigo similar al anterior se le impone a Pere de Manso de Orpí. 4- Al rector de Cabrera de Mar, el obispo lo llega a castigar a dos años de exilio si vuelve a reincidir en el concubinado (Glossa 481 y 482).

Littera absolutionis. **Peregrinar a la curia papal** (Glossa 81)

Cabe destacar cinco casos: 1- El párroco de La Roca del Vallès afirma que tiene una carta absolutoria del abad de Sant Llorenç del Munt de cuando éste visitó aquella población en nombre del arzobispo de Tarragona. 2- Al presbítero de Sant Celoni Mn. Bernat Fradel se le condena a ir a la curia papal. 3- En los casos de concubinado, existía la preocupación de quién estaba obligado a alimentar al hijo del cura. Así se explica en los acuerdos alcanzados por Mn. Francesc Figuera, párroco de Pertegàs-Sant Celoni. El obispo también exige que no vuelva a pecar y qué sucederà si vuelve a reincidir. 4- En el caso de Llerona, el obispo establece una pena de 200 sueldos si el párroco vuelve a pecar. 5- Mn. Pere Sahuc de Mosqueroles tiene un hijo con una viuda (Guillemona Zafaula), que nació estando vivo el marido de la mujer. Se le impone una pena de 40 sueldos que el párroco está obligado a pagar a lo largo del mes de agosto.

Del año 1314 destacamos (Glossa 81): 1- Mn. Berenguer de Sant Esteve de Martorell, que conocía a María Maguerosa. Obtuvo la remisión del visitador del Sr. Arzobispo de Tarragona "exhibit litteram remissionis". 2- El párroco de Subirats, que estaba bajo pena de excomunión porque no pagó la procuración al Arzobispo, celebra en la iglesia el oficio divino. Afirma que sí pagó, pero que perdió el albarán. 3- El párroco de Sant Sebastià de Montmajor se queja de que se haga caso de aquellos que dicen que se entiende con una tal Sibila, porque ésta ya tiene 60 años y es vieja (Glossa 542).

Pactos con el obispo para fijar la pena (Glossa 83)

En la visita a Mosqueroles de 1321 se pueden encontrar interesantes detalles sobre la forma en que se pactaban con el obispo las penas; también en las visitas a Bonesvalls (1326), Bellvei, Vila-rodona, Sant Jaume dels Domenys, de Sant Pere de Reixac, Premià, Dosrius, Vilardell, Sant Martí de Pertegàs, Santa María de Palautordera, Llerona y Lliçà d'Amunt.

Acusaciones "Volver de nuevo como el perro a sus vómitos" (Glossa 83)

1- Las penas impuestas tienen siempre presentes las constituciones sinodales, que se encuentran editadas y que toda parroquia debe tener.

2- Las reincidencias en el pecado son muy mal vistas y se considera como aquél que vomita y a continuación vuelve a los "vómitos" como el perro. Véase la acusación de Ponç Cortés, beneficiado de Sant Pere de Vilamajor (Glossa 647).

Incluso el escribano recibía sueldos (Glossa 84):

En algunos casos el acusado afirma que ya ha pagado todo lo que correspondía: 60 sueldos por el concubinado. De éstos, 4 sueldos eran para el escribano que hacía la letra de absolución... (Glossa 499 y 571).

Otras acusaciones

Pero no todo era celibato. El sacerdote también podía ser acusado, por ejemplo, de no residir en la parroquia, de hacer mal el culto o de actuar sin la "cura animarum". Pero el dinero corría por muchos conceptos y no sólo por imposición de penas[4]. Las demás penalidades eran muy diversas: no atender a los pobres y a los enfermos, no

---

4 Según mandan las constituciones sinodales de la época del propio Ponç de Gualba y en época de los anteriores obispos del siglo XIII, era necesario que todo párroco tuviera el *cura animarum* (administración de sacramentos y sacramental en la misma parroquia). Así consta, por ejemplo, en el caso del párroco de Terrassola, Sant Quintí de Mediona, L'Arboç, Calders, Castellet y Cubelles. Como gratificación y agradecimiento, el párroco daba algo de dinero al obispo, y a veces "a un *cura animarum*" le correspondía un par de gallinas. Quien hacía los documentos sobre el matrimonio podía recibir alguna recompensa: dos gallinas, un "cerdo canonical"... El párroco Mn. Arnau de Insola, que cuidaba esta iglesia, solía recibir un par de gallinas para "abreviar" (por la confección de documentos notariales de matrimonio entre la hijastra de Bernat Ando y algunos hombres de Sant Marçal "et dicebantur quod erat fama quod nolebat abreviare matrimoni nisi donarent istos gallos". Otras veces el *cura animarum* no lo daba el obispo directamente. Lo daba, por ejemplo, al prior por comisión; y creemos que eso mismo se puede decir de la abadesa de Sant Pere de les Puel·les, pero esta concesión se puede discutir históricamente. Semejantes son los casos de Sant Valentí del Penedès y Riells.

cuidar del patrimonio (ornamentos, objetos de orfebrería, no ser cuidadoso en el secreto de confesión...)[5].

En el siguiente elenco les presentamos otros casos que también eran castigados con penas (Glossa 142 y 143). -Los clérigos de Terrassa (Jaume Aguiló, Jaume Coler y Arnau de Sola) juegan "ad taxillos". Había entre ellos un usurero.

En la visita del 3 de enero de 1305 a Sant Andreu de Palomar, el obispo intenta poner orden a los juegos y las usuras. Algo semejante se hace en Mataró. - El párroco de Corró d'Amunt dice que "ni Dios puede contra él". Algunos feligreses lo escucharon, pero no sabían si lo decía en serio. Lo mismo hacía el diácono jugando "ad aleas et taxillos"; - En Vila-rodona el párroco Mn. Berenguer Baul "ludit publice ad atilena"; -Lo mismo hace el párroco de Santa Coloma de Cervelló; - En Gavà se blasfema mucho; es el caso de Jaume Rousich. Y lo mismno pasa con el párroco de Sant Quintí de Mediona y el beneficiado Mn. Bruch; -Curiosamente en la visita del 18 de marzo de 1305 se nos dice que Mn. Vedel de Cubelles puede jugar "ad aleas" porque así se lo permitió el arcediano de Barcelona Hugo de Cardona cuando el obispo se encontraba en Mallorca. Pocos días después fue visto jugando en la puerta de la iglesia y fue un gran escándalo para todos, aunque él repetía que tenía permiso del arcediano; - Mn Fábrica, párroco de Marata, jugó "por el cuerpo de Dios". Dicen "una gran blasfemia"; - El párroco de Montmeló cuando juega no blasfema, ni se enfada cuando sus compañeros lo hacen, pero si-

---

5 No sólo estaban las acusaciones de la no práctica del celibato, sino que habían otras muchas como podían ser "no atender a los pobres" (Glossa 87), no residir en las parroquias (MA 30606), no ofrecer en la parroquia unos servicios eficientes (MA 30611). Otras veces no se hacían servicios de culto o de atender a los enfermos en los hospitales (Hospital d'en Colom, MA 30484), o no se cumple el ayuno preceptuado por la Iglesia (Montmeló, MA 30423), o no cumplir con la voluntad de los difuntos (Glossa 103), o no cuidar de los "scrinium" (Glossa 109), o no llevar una buena administración de los bienes del iglesia (Glosa 109...), o no cuidar los libros de la iglesia (MA 30509), o no cuidar las campanas y de sus toques (MA 30383 y 30384), o no cuidar los cálices (MA 30382), o no cuidar o simplemente no tener licencia de la "cura animarum" (Glossa 123), o poner en duda el secreto de confesión (MA 30392), o no cuidar la sacristía (Glosa 125) o ser violento entre clérigos (MA 30703). Se dan muchos castigos o penas de sueldos (MA 30562...), que a veces son rebajados los 60 sueldos que normalmente se imponen (MA 30561...), e incluso se pactaba para rebajar estas penas económicas (MA 30574 y MA 30559).

gue jugando; - La blasfemia de Martorell consistía en decir: "Vos clericio quien decis que nuestro Señor es aquel que vosotros mismos entre dientes masticais". - En Vilafranca del Penedès hay una docena de usureros y son muchos los jugadores, incluso clérigos, como Matheu Colom, presbítero que se entiende con una concubina: "Todos los males suelen ir juntos"; - Entre las blasfemias que se pueden escuchar en Mollet, hay una que dice "el alma se muere cuando muere el cuerpo". El párroco perdonó esta blasfemia negligentemente (Glossa 143); Los feligreses de Sitges acusan al párroco de tener una concubina con la cual también hacen contratos usuarios. El párroco niega la primera acusación, pero al ser difamado el obispo le obliga a sacar a esa mujer de su casa. Ocurre lo mismo en la visita del 2 de agosto de 1303; - Un hijo de un cura, Andreu de Andreu Cubelles, con el dinero de su padre hizo contratos usuarios. Este Andrés tiene otros hijos, el último de 14 años; – En Caldes de Montbui hay usureros, pero no todos se presentaron a la visita del 20 de diciembre de 1305. Sin embargo el heddomadario conoce perfectamente a aquellos que tienen ese vicio; -En Cabanyes existe un usurero llamado Raimon de Castelet y es público que ejerce usuras y "males barates" según nos dice la visita del 2 de diciembre de 1305; - En la Granada Raimon vive en casa de la "maestra" y vende el trigo mixto, pero mucho más caro de lo que se encuentra en otros lugares, siendo pues una usura.

"El celibato es una prescripción temporal, no eterna". ¿Es oportuno revisarlo?

Nos gustaría terminar este apartado del presente libro siendo más optimistas y recordando que hay visitas pastorales que terminan con "omnia recte". Sin embargo en las visitas del siglo XIV y en sus procesos normalmente no encontraremos sino defectos y acusaciones; las virtudes y los aciertos -que existían y eran muchos- no se escribían en los volúmenes que conservamos y comentamos. Pero sí queda abierta la respuesta del papa Francisco que explicábamos al principio, en la introducción. A la pregunta de si es posible que se revise el celibato en la iglesia latina católica, el Papa dijo claramente que "sí" (dos veces). Por tanto es posible que la futura panorámica del clero cambie. La historia es la historia y los hechos que hemos expuesto motivarán posiblemente a algunos miembros de la Iglesia a pedir perdón por no haber acertado el camino que el mismo Jesús quería que su Iglesia caminara.

Es cierto que, por el hecho de que fuera oportuno, la Iglesia latina exigía -según decían- que para ser sacerdote era necesario, y es necesario, ser célibe; pero esto -como dice el papa Francisco- no significa que tenga que ser así para siempre. Quizá él u otro Papa crea oportuno que no esté vigente la obligación o ley del celibato. Sin embargo la opción del celibato, si es totalmente libre, siempre será respetable y elogiosa. Habrá que poner en práctica las palabras de Jesús: "... Algunos renuncian a casarse por causa del Reino del Cielo" (Mt.19,12). Es necesario que el celibato libre sea un signo de gran progreso en la Iglesia, y no un escándalo en sus consecuencias y en el mismo. Y me gustaría a mi personalmente que el sacerdocio fuera totalmente libre y también el celibato, y no condicionado, ni uno ni el otro; sin embargo, contamos con una mirada de historiador, y cuando ha sido necesaria una reforma de la Iglesia, ésta ha valorado que era oportuno exigir el celibato a los presbíteros; pero es preciso recordar que esta norma no es necesariamente una ley para siempre; no es eterna.

Los eunucos

Al principio del presente estudio recordábamos las palabras de Jesús cuando decía que en el mundo hay tres clases de eunucos: los que nacen así, los que son castrados y los que no se casan para así dedicarse mejor al reino de Dios. Hay que explicar con toda crudeza que exitían los eunucos en el tiempo de Jesús, pues entre los pueblos de Oriente próximo estaba la costumbre de castrar a algunos jóvenes que se preparaban para desempeñar cargos de influencia en la corte real. El término "Eúny": *cama* y "Excu": *guardar* o sea el que guarda la cama nupcial del rey para que la sucesión real sea totalmente legítima. Por eso el matrimonio en muchas épocas tenía una connotación casi peyorativa; no se consideraba un estado perfecto como lo era el del soltero- Todos los sacramentos, sin embargo, son instituidos por Jesucristo, y por tanto, perfectos en este aspecto, ¿por qué hacer comparaciones inconsistentes?

Los eunucos eran muy bien considerados. Incluso en épocas tardías (edad antigua) vemos en sus documentos que el término "eunuco" fue aplicado a funcionarios de confianza del rey, tanto si eran castrados como si no lo eran; por eso llegó a ser sinónimo de funcionario real, aunque la legislación religiosa hebrea era contraria a la práctica de la castración y los castrados tenían prohibido participar en el culto del templo (Mt. 23,2). Sin embargo, en las cortes de Samaría y de Jerusalén había eunucos (Is. 563; Jr. 29,2"). La conversión de un eunuco etíope al cristianismo y su admisión al bautismo (Hechos de los apóstoles 8,27) indica la universalidad de la salvación de Dios.

En Mt. 19,12 se nos dice que hay quien no puede casarse (que es eunuco) porque sale así de las entrañas de la madre; a otros los hombres los han hecho incapaces (eunucos por castración), pero hay quienes renuncian a casarse (y son eunucos) a causa del Reino de los Cielos. Obviamente que Jesús menciona a estos últimos para alabarlos, pero esto no significa que Jesús no tenga en muchísima consideración el matrimonio, y tanto es así que lo constituyó como sacramento y así es definido también por la Iglesia. Los que no "se casan por el reino de Dios" somos muchísimos, y también alabados por el mismo Jesucristo. La primera alabanza se confirma en la continuación de dicho pasaje del evangelio en el que Pedro pregunta qué será de ellos, o sea de los que lo han dejado todo, y hasta esposa, hijos e hijas para seguirlo y extender el Reino de Dios (para evangelizar), y Jesús afirma que éstos serán generosamente bendecidos con una familia mucho mayor. Ésta será la bendición: entonces Pedro le dijo: "Mira, nosotros lo hemos dejado todo y te hemos seguido: ¿qué recibiremos, pues?". Jesús dijo: "Os lo aseguro, cuando nazca el mundo nuevo y el hijo del hombre se siente en su trono, también vosotros quienes me habéis seguido os sentaréis en doce tronos y juzgará a las doce tribus de Israel, y todo el que por mi nombre haya dejado casas, hermanos y hermanas, padre, madre, hijos o campos, recibirá cien veces más y poseerá la vida eterna" (Mt. 19.28-29). Sin embargo, resumiendo las anteriores reflexiones, visto el panorama del clero en aquel tiempo, nos atrevemos a dudar que la ley del celibato aquí, en nuestro país y en aquel tiempo (siglo XIV), fuera oportuna.

Pentecostés, descenso del Espíritu Santo sobre los Apóstoles y otros seguidores de Jesucristo.
Grabado de Gustave Doré (1832-1883)

Judíos, musulmanes y esclavos en la diócesis de Barcelona (siglos XIV-XVI) según los documentos del Archivo Diocesano de Barcelona

El papa Francisco ha hablado en los últimos años de tres impulsos que él mismo ha "provocado" conscientemente en la Iglesia, a fin de que ésta se reforme: se trata de la sinodalidad -o colegialidad-, la interculturización-evangelización, y la posible revisión del celibato. El tratamiento de estos términos posiblemente podría aplicarse a nuestras relaciones con los colectivos de los judíos, musulmanes y esclavos. Según sus expresiones, habrá que hablar no tanto "de ellos", sino "con ellos", así como no sólo debemos realizar acciones "para los pobres", sino "con los pobres". Aportamos también la evolución histórica (en la diócesis de Barcelona en los siglos XIV-XVI) de dichos colectivos

Los judíos y las visitas de Ponç de Gualba

La presencia de los judíos en las 862 visitas de Ponç de Gualba (inicios del siglo XIV) es bastante notable e indica que ya se estaban gestando futuros lamentables conflictos con el resto de la ciudad de Barcelona. Lo mismo podemos decir de otras poblaciones y ciudades importantes, como Vilafranca del Penedès, Granollers, Mataró, Terrassa... Hoy en día, refiriéndonos a Barcelona, no podemos olvidar que existían dos juderías (la mayor y la menor) . La palabra "call" -"judería" en catalán- es para muchos enigmática. "Kahal" en hebreo significa "sinagoga" o "reunión de la comunidad judía para orar". Otros quieren ver el origen latino de la palabra: "call" significaría "calle", o si proviene de "calles" querría decir "calle estrecha". Nosotros creemos que es la aplicación de la palabra "cal" ("casa de"), concretada en todo un barrio. Los archivos nos hablan de las juderías o "calls", así como las excavaciones arqueológicas; piezas de ajuar, como platos y escudillas de barro, eran similares a los empleados por los no judíos, pero en alguna de estas excavaciones han aparecido cerámicas con inscripciones hebraicas y objetos rituales relacionados con la fiesta de la luz o Hanukka. .. Muy notables son unos grandes silos localizados en la calle de la Fruita de Barcelona, así como los restos de la casa del judío Bonhiac, donde ahora se encuentra el centro (en "la calle del Call") del Museo de Historia de Barcelona. También en la calle de Marlet núm. 1, muy cerca de la catedral de Barcelona, bajando por la calle de Sant Sever, se localizó una lápida conmemorativa del rabino Samuel ha-Sardi. Quienes visitan la catedral (guiados por sus monitores y voluntarios) pueden descubrir la gran importancia de los restos epigráficos empotrados en los muros del Palacio del Lloctinent en la plaza de Sant Iu; éstas piedras proceden del cementerio judío que estaba junto a la cantera de Montjuïc. Las inscripciones se refieren a antiguos judíos barceloneses. Por eso alguien quiere ver una especie de "muro de las lamentaciones" similar al que se encuentra en los restos del templo de Jerusalén. Algunos judíos al visitar Barcelona no olvidan rezar unas oraciones a sus antepasados de la ciudad, y se dice que no bajan hacia la catedral pasando por la calle dels Comptes, pues es donde actualmente se encuentra del Museo Marés y donde estaba instalada la sede de la Inquisición. En ese mismo lugar fue juzgado en el siglo XIX un personaje llamado Francisco Mayoral, acusado de hacerse pasar por Cardenal de Borbón, habiendo confesado, casado, dicho misas... cuando en realidad no era más que un sargento de Ciudad Rodrigo (Salamanca) .

Las juderías en Barcelona

La primitiva comunidad judía de Barcelona se había establecido principalmente en la parte noroccidental de la antigua cuadrícula de Barcelona, donde se formó el "Call Major". A mediados del siglo XIII –un siglo antes de Ponç de Gualba-, debido al incremento de la población judía, fue necesario crear un segundo "Call Menor", cerca del primero pero fuera del recinto de la antigua muralla romana. Las casas de la judería –en catalán "call", que equivale a "calle"- eran como las típicas de la ciudad medieval, de una sola crujía, es decir, un espacio delimitado entre dos paredes. También había hostales, baños fríos, sinagoga, escuelas, comercios, tabernas, carnicerías, hornos... Al tratarse de un recinto cerrado, el crecimiento de la población fue dibujando un barrio muy denso, con callejuelas muy estrechas, y esto motivó la creación del "Call Menor"; el número de judíos en la ciudad de Barcelona aumentó notablemente a causa de la emigración desde tierras occitanas, donde los judíos vivían en una situación muy difícil. Por eso en 1257 Jaume I dio licencia para crear un nuevo barrio judío en Barcelona, al otro lado del Castell Nou y fuera del recinto de la muralla romana. Se llamaba también "call de Sanahuja" o "de N'Angela". Eran las calles de Boqueria, de Rauric, de la Lleona y de Avinyó. El "Call Major" lo componían la calle actual del Arc de Sant Ramon del Call, calle Marlet, llegando al número 9 de la calle Sant Domènec del Call. Ésta antes era la calle de la Sinagoga Mayor o de la Carnicería. Al pasar por la calle del Arc de Sant Ramon del Call, se observa la presencia de un arco incorporado en un muro; sabemos que esta calle antes se llamaba Banys Freds, y eso es porque aquí había una micvé o piscina para inmersiones rituales. El ritual de purificación del cuerpo por inmersión se hacía en "agua viva", es decir corriente (lluvia, río o mar), y la micvé al menos debía tener 280 litros de agua[6]

---

6 J. ALARCÓN; B. MONTOBBIO, *Connecta amb la diversitat. El temple d'August, la catedral de Barcelona i el call jueu* (Barcelona, 2016): «MICVÉ es un baño ritual utilizado para la purificación de personas en los rituales del judaísmo. Se practica en un contenedor de agua o bañera donde una persona pueda sumergirse completamente. La persona debe estar preparada para el acto de purificación: previamente debe haberse lavado y peinado para que el agua lo impregne por completo; esta acción se repite tres veces. El baño de purificación se considera un acto muy importante en la conversión al judaísmo y muy especialmente en el judaísmo ortodoxo. El micvé no puede estar lleno con agua estancada, es necesario que sea agua corriente. Puede ser usado, tanto por hombres como por mujeres, hoy en día sólo las mujeres conservan la obligación

Resumiendo, podemos decir que ambos "Calls" comprendían el Castell nou, la calle del Call, entrada del Call, la calle de Sant Honorat, la Sinagoga, Poca o escuela chica, silos de la calle de la Fruita, calle de Sant Domènec del Call, la Sinagoga mayor, la calle de Sant Sever, la calle de la Baixada de Santa Eulalia, la casa de Jucef Bonhiac, la calle de Sant Ramon del Call, la fundación pía del Rabino Samuel Ha-Sardí, los baños nuevos, calle d'en Rauric, calle del Arc de Santa Eulàlia, calle de la Volta del Remei, calle dels Tres Llits, sinagoga del Call Menor y calle de Llerona. El Call judío dependía directamente del monarca, las autoridades municipales no tenían ningún tipo de jurisdicción, es decir, que la comunidad judía de Barcelona y sus bienes eran considerados posesión y propiedad del rey. Los pactos con el monarca hicieron posible, a cambio de asegurar la recaudación de los impuestos destinados a las arcas reales, el desarrollo de instituciones de gobierno interno. La Torá y el Talmud son las fuentes del derecho hebraico.

Referencias documentales de los judíos. Los conversos

En las visitas pastorales de Ponç de Gualba encontramos algunas referencias a los judíos, algunas de ellas muy significativas, que nos dejan entrever el gran desprecio e incluso odio que existía hacia

---

de utilizar el micvé en forma ritual siete días después de la culminación de cada ciclo menstrual. Algunos hombres suelen utilizar el micvé sólo en la víspera de Yom Kippur o día del Perdón, mientras que los judíos hasídicos lo practican todos los días. La mujer judía se purifica después de la menstruación, antes y después de los partos y también cuando se casa. Los hombres religiosos suelen purificarse el viernes justo antes de la puesta de sol, antes de iniciar el sábado o día dedicado a Dios. En cuanto al ámbito laboral, en la judería o "Call" la mayoría de judíos eran artesanos y menestrales, como tejedores de velos de seda, encuadernadores, orfebres, coraleros, zapateros, prestamistas (nunca entre judíos), taberneros y vendedores; algunos también se dedicaban al cultivo de sus tierras. Asimismo, destacaban como médicos, muy preciados en la ciudad. Por otro lado, ocupaban cargos en su comunidad: políticos, como el de secretario; administrativos, como los de portero y enterrador; así como los relacionados con el sacrificio de animales para comer, entre otros. Asimismo, ejercían cargos religiosos como rabinos y en la escuela talmúdica. Y por sus conocimientos, los más destacados formaban parte de la corte real y tenían cargos públicos: alcaldes, recaudadores de impuestos, traductores, embajadores... Por último, cabe destacar los que se hicieron un espacio dentro del mundo cultural como filósofos, literatos, científicos y traductores, muchas de cuyas obras han llegado hasta nosotros. Las élites del Call también sirvieron al rey, a la corte como médicos, alcaldes, administradores, embajadores e intérpretes, especialmente en los reinados de Jaume I, su hijo Pere II y su nieto Alfons II.

ellos. En una visita a Santa Maria del Pi, por ejemplo, se afirma: "Item iudei Barchinone perforaverunt murum in diversis locis per cuius foramina et diversoria introducuntur mulieres in eorum domibus et fiunt ibi multa lenocinia et latrocinia et alia inhonesta. Item dixerunt quod iudei et iudee sub velamine quorundam bonorum que portant ad vendendum, intrant domos christianorum et ibi tractant lenocinia et multa mala et inhonesta. Item dixerunt quod iudei se faciunt tractatores matrimoniorum quod est valde inhonestum et perniciosum. Item dixerunt quod non portant capas nec habitum suum conversando inter christianos ut non deberent"[7].

Había una fuerte separación entre ambas comunidades. Incluso debían vestirse diferente y enterrarse en distintos cementerios. Se quejan los feligreses de la parroquia de Sant Jaume de que los judíos se han apropiado de un cementerio de la Iglesia, ampliando la superfície a ellos asignada. Los mismos testimonios en Sant Jaume se escandalizan porque los judíos viven "in carraria ypothecarie et circa callos judaicos", trabajan públicamente los domingos y festivos en lugares públicos[8].

También debemos referirnos en este estudio a judías que actuaban como adivinas o brujas y debemos hablar de juicios contra judíos conversos que han sido bautizados. Se utiliza la expresión "noviter facta christiana"[9], aunque podía referirse a una sarracena bautizada. En la visita a Sant Jaume (Barcelona) del 1 de septiembre de 1303 se nos dice que los judíos "exercent multa enormia" en contra de la "fe verdadera" (la cristiana). En la misma visita se nos dice que se se han apropiado del cementerio de la iglesia invadiendo terrenos cristianos[10].

---

7 Visita a Santa Maria del Pi (Barcelona) el 7 de julio de 1303, en VP 1/1, fol. 11v.

8 Visita a Sant Jaume (Barcelona) el 1 de septiembre de 1303, en VP 1/1, fol. 41v.: "Item Na Gaya uxor Ferrarii Bertrandi tenet hospicium judeis pauperibus et vilibus qui ibi exercent multa enormia (sic) in contemptum fidei est de parrochia Sancti Iacobi".

9 Visita a Vilafranca el 14 y 15 de julio de 1303, en VP 1/1, fol. 17.

10 Visita a Sant Jaume (Barcelona) el 1 de septiembre de 1303, en VP 1/1, fol. 41v.-42: "Item dixerunt quod in hospicio quod fuit R[aimundi] Tintorerii morantur iudei et exercent multa lenocinia et enormia et credunt quod B[ernardus] de Segalars posset tedium dare; [idem] concedunt clerici de auditu. [...] Item dixerunt quod judei appropinquant Cimiterio Ecclesie ultra mensuras eis assignatas".

En la visita a Vilafranca el 15 de julio de 1303 los testigos sinodales Arnau Dalmad y Bartomeu d'Avinyó decían que se había extendido la fama según la cual Ferrari de Vilafranca, casado, comete adulterio públicamente con Isabel, que se había convertido y bautizado como cristiana[11].

En otra visita a Vilafranca, el 15 de marzo de 1310, se dice que Na Roya, hija de Ponç Vituli, habita en la judería, comiendo, bebiendo... haciendo vida con ellos. Asimismo, se acusa a Guillelma hija de Tanemar de vivir como una judía[12].

A lo largo del siglo XIV se produce en nuestra sociedad un cambio de actitud hacia los judíos. Prácticamente se llega a la conclusión de que quien no se convierta al cristianismo debe estar sujeto de forma absoluta (casi como esclavos) a los cristianos. Esta hostilidad tuvo como consecuencia los primeros disturbios que empezarían en Sevilla en marzo de 1391, y que se irán extendiendo por toda Andalucía y ambas Castillas, llegando a Aragón a mediados del mencionado año. La consecuencia fue una serie de conversiones en masa optando por el bautismo. Estas conversiones en la diócesis de Barcelona ya empezaron en tiempos del obispo Ponç de Gualba; él ayudó personalmente a los judíos y a los neoconversos cristianos. Así, en la documentación del Archivo Diocesano de Barcelona aparece un obispo que busca la justicia para los judíos, apoyándolos en más de una ocasión. Por ejemplo, el 11 de diciembre de 1310 el obispo otorga a Bonafós Vidal, judío de Barcelona, y a toda su familia, a su nieta "Sobredona" y a su descendencia, protección y amparo para ellos y sus bienes[13]. En otras circunstancias también dio su apoyo a la conversión sincera, a la justicia para los judíos y a declaraciones de inocencia...

---

11 Visita a Vilafranca el 14 y 15 de julio de 1303, en VP 1/1, fol. 17: "... iurati dixerunt fama esse quod Ferrarius de Villa Francha uxoratus adulterator publice cum Elizabet noviter facta christiana".

12 Visita a Vilafranca el 15 de marzo de 1310, en VP 1/2, fol. 118: "Item Na Roya Pontii Vituli habitat cum iudeis et plures alie comendunt et bibunt cum eis et Guillelma filia den Tanemar facit idem. Item notarii et scriptores ville faciunt instrumenta iusdeis diebus domicis et festivis in contractibus usurariis etiam".

13 ADB *Registra Communium*, vol. 1, fol. 118v.

- El obispo Ponç de Gualba escribe al alcalde de Vilafranca del Penedès para que deje libre a un judío que, tras la investigación efectuada por el converso Bonanat Torner, ha sido declarado inocente[14].

- El bisbe Ponç de Gualba fa una declaració d'innocència atorgada per ell als jueus següents: Jossef Correu, Avraham Adrillo, garifa Meseguer, y na Itskha en Reina, jueus de Castella però que viuen a Barcelona[15].

- El 3 de junio de 1315 el obispo Ponç de gualba envía una carta al alcalde de Lleida informándolo de que el judío converso Rovent de Castelldasens es inocente de herejía. Se notifica la resolución a su hermano, también converso [16].

- El 12 de junio de 1315, Ponç escribe una carta a petición del judío de Tàrrega Moixe Açan para que no proceda contra Iossef Itskhaq[17].

- Más significativa en el sentido de esta faceta pacifista del obispo Ponç, es la carta del 16 de marzo de 1316 dirigida al inquisidor Joan Cotger declarando inocente a Jossef Levi, alias Jossef Galiana, del delito de haber convertido al judaísmo a una mujer cristiana de nacimiento[18].

- Ponç de Gualba también interviene (en 1336) en un incidente en el que se vio involucrado un monje de Sant Cugat que iba a jugar a una judería de Barcelona. Allí se produjo un altercado y salió herido por el sobrino de su contrincante, ambos judíos[19].

---

14 ADB *Registra Communium*, vol. 3, fol. 33v.

15 ADB *Registra Communium*, vol. 3, fol. 33v.

16 ADB *Registra Communium*, vol. 3, fol. 33.

17 ADB *Registra Communium*, vol. 3, fol. 34v.

18 ADB *Registra Communium*, vol. 3, fol. 33v.

19 ADB *Registra Communium*, vol. 4, fol. 44v.

En otro caso se pide ayuda para capturar el converso Bertran a causa de una prédica contra los judíos. Se pide en la propia aljama de Barcelona, al vicario general, y se envía una comisión al alcalde de Vilafranca del Penedès[20].

En una visita pastoral a Vilafranca aparece el presbítero Guillem Midó que participó en la fiesta del Purim y volvió bebido de la judería[21].

Los médicos judíos eran muy buenos, pero no podían visitar a los cristianos si no lo hacían acompañados de un boticario cristiano. Así, en 1333 se da licencia para actuar a un médico no cristiano[22].

También se otorga licencia a Ferrer Benvenist, médico judío, para ejercer la medicina con boticarios cristianos. Su práctica viene avalada por el propio rey Pere III[23].

Las anteriores relaciones no tendrían el carácter de devolver dinero, ni de usura, ni de transacciones económicas[24].

El obispo de Barcelona Ponç de Gualba reconoce una deuda de 115 sueldos al judío barcelonés Bonafós de Tolosa. Los devolverá en los primeros días (8 días) de mayo de 1306[25].

También tenemos documentada la orden a los secretarios de la aljama judía de Barcelona para que el pago anual de 100 sueldos al obispo Ponç de Gualba sea dado a Bonafós de Tolosa, judío barcelonés con quien el obispo barcelonés había contraído una deuda por este importe[26].

---

20 ADB *Registra Communium*, vol. 4, fol. 172.

21 ADB VP 5, fol. 39v.

22 ADB *Registra Communium*, vol. 1, fol. 197

23 ADB *Registra Communium*, vol. 5, fol. 125v.

24 ADB *Registra Communium*, vol. 1, fol. 24v.

25 ADB *Registra Communium*, vol. 1, fol. 47.

26 ADB *Registra Communium*, vol. 5, fol. 996. Vegeu també ADB *Registra Communium*, vol. 1, fol. 74v.; ADB RC, vol. 1, fol. 92v.; ADB Santa Anna (Alturo), carp. 2, núms. 333, 279, 362; carp. 7, núm. 42 y carp. 1, 11 núm. 3.

Posible explicación de la eliminación de los judíos o de algunos neoconversos

La problemática judía radica principalmente en que los judíos eran los que podían prestar dinero a particulares, y éstos difícilmente se lo podían devolver. También existía el problema de los neoconversos, que siendo los que continuaban prestando dinero, su situación era muy débil, pues era relativamente fácil ver en ellos una conversión aparente, y no pocas veces eran considerados falsos conversos, y por tanto las deudas no debían pagarse porque se consideraban culpables. Además la Inquisición intervenía y esto era desgraciadamente la prueba definitiva. Así, los judíos y los neoconversos prácticamente fueron eliminados. Fue una gran injusticia, pero también un hecho histórico ineludible. Todo contribuyó a ello. Así, por ejemplo, algunas (pocas) predicaciones de san Vicente Ferrer hoy nos llenan de vergüenza. ¿Y qué diremos de la inefable "disputa de Tortosa"? ... "Lo judío" converso o bautizado fue siempre mal mirado por el pueblo, siempre sospechoso de la exigua sinceridad de su conversión"[27].

La Inquisición y los judíos

Nos podemos preguntar: ¿cómo actuaban los neoconversos en tiempos del obispo Ponç de Gualba? Obviamente eran objeto de persecución por parte de la Inquisición, pero hay que observar que en este período todavía no estaba establecida en nuestro país la después denominada "Inquisición castellana" del tiempo de los Reyes Católicos. Por eso podemos decir que se trataba de una persecución más benigna. Las noticias de la misma las podemos encontrar en los

---

27 F. CARRERAS: *Evolució històrica de juehus y juheissants barcelonins.* Estudis Universitaris Catalans, 3 (Barcelona, 1909), p. 404-428; J. HERNANDO, *Els conversos: Del judaisme al cristianisme, ruptura, integració i pràctica religiosa* (Balaguer, 2013), p. 87-125; E. VALLS I PUJOL, *Regest dels documents de l'Arxiu Diocesà de Barcelona relatiu als jueus* (Barcelona, 2008); J.N. HILLGARTH, *The Register Notule Communium 14 of the Diocese of Barcelona* 1345-1348 (Toronto, 1983); J. ALANYÀ I ROIG, *La disputa cristològica de Tortosa. Història i actes 1413-1415* (Tortosa, 2015).

protocolos notariales, puesto que la presencia del notario era del todo indispensable en tales procesos. El admirado catedrático Dr. Josep Hernando ha estudiado estos procesos especialmente a finales del siglo XIV y principios del XV. Existe un proceso de 1417 que se refiere al "Sanctum officium Inquisitionis Haereticae Pravitatis" contra una neoconversa llamada Na Yoya. El instrumento notarial tiene fecha del 30 de diciembre de 1417 y el inquisidor es Francesc Sala, de la orden de los Predicadores. Yoya Ermengola era una conversa del judaísmo, viuda de Joan Armengol, sastre ciudadano de Barcelona. Ella fue acusada de prácticas judaicas. Todo el proceso se puso en marcha gracias al notario público de Barcelona Pere de Puig, que actuaba simultáneamente como notario de la Inquisición de Barcelona. Este proceso es muy parecido al que se produjo el 16 de marzo referente a la verificación de la conversión de una mujer por el inquisidor Joan Cotger[28].

Según nos explica el Dr. Hernando[29]: «Na Yoya havia viajado a casa de sus parientes ("inducta et seducta in gradu parentele et aliorum") a Cervera, Tarragona y Sant Vicenç dels Horts. Con ellos había observado las festividades judías: "in festivitatibus precipuis iudeorum fuit frequentissime conversata": Yom Quipur o Día del Perdón, Pesaj o Pascua, Purim, Sucot o festividad de los Tabernáculos, Shavuot o Pentecostés... En estas visitas cumplía las prescripciones referentes a los alimentos, es decir, observaba la "cashrut" o adecuación ritual con la ley judía de los alimentos, recitando las plegarias o bendiciones o "berajot", que se podían encontrar en la "sidur" o libro de plegarias, comía pan àcimo o "matzà" durante la Pascua ("cibariaque iudeorum cum eorum serimoniis preparata necnon panes azimos in festivitatibus ipsorum paschalibus comedit"), visitaba y entraba en las sinagogas ("eorumque sinagogas intravit et frequenter etiam

---

28 ADB Registra Communium, vol. 3, fol. 33v

29 J. HERNANDO: *Els conversos: Del judaisme al cristianisme, ruptura, integració i pràctica religiosa* (Balaguer, 2013), pàg. 91.

visitavit")... Por todo esto, al demostrar rechazo hacia la fe cristiana, incurrió en excomunión mayor, de acuerdo con lo que establecía el Derecho Eclesiástico (de la Iglesia), es decir, la privación activa y pasiva de los sacramentos y sufragios comunes de los fieles ("ipsam absolvimus a maioris excomunicationis sententia qua incurrerat"). En el proceso contra ella ("prout hec omnia et alia in processu inde coram nobis activato plenius et extensius continetur") al mostrar arrepentimiento, a pesar de la culpabilidad, fue absuelta de la sentencia de excomunión mayor y le fue impuesta una penitencia ("pro comissis eam sententialiter condempnando penitentiam iniunximus salutarem") que podemos suponer leve, si tenemos en cuenta el tono del documento y otra praxis de la Inquisición medieval en Cataluña en este siglo XV antes de la llegada de la Inquisición "castellana". Este documento público entregado a la acusada debía servirle ante cualquier autoridad o persona en caso de desconfianza o tentación de nueva acusación".

La tragedia de 1391 y la verguenza que arrastra Barcelona

Como ya hemos repetido frecuentemente, el 5 de agosto de 1391 se produjo el asalto al Call Major de Barcelona -una gran vergüenza para la ciudad y para nuestra historia-. Fueron asesinados cientos de judíos. El Call fue saqueado y se quemó el archivo notarial. Obviamente, después de esta hecatombe se intensificaron las conversiones al cristianismo. ¿Qué más podía hacer esa pobre gente? Se produjo un gran cambio entre el colectivo de judíos y conversos: cambio en el lugar de residencia, de las formas de vida, en las ocupaciones profesionales, en su posición dentro del mercado monetario, cambio en los lazos familiares y en los vínculos sociales... Judíos y conversos vivirían inmersos en la realidad cristiana y catalana hablando también en catalán, y haciendo uso de formas económicas cristianas (al menos exteriormente)... Todo esto y la quema de documentos, hacen muy difícil poder hacernos una idea clara de cómo era la sociedad de aquel final del siglo XIV, y de ahí la importancia de saber leer entre líneas en los documentos que se encuentran todavía en los archivos, y con todo nunca conoceremos la auténtica realidad, pues la desgracia de los vencidos se ha llevado a los testigos de la parte judía catalana. Con este panorama será difícil ver si hubo una interculturización entre los judíos de Barcelona y los nativos cristianos de esta ciudad. Sin embargo, no hubo un rechazo total sino al menos una aparente armonía. Habrá que estudiarlo con más profundidad y previamente habrá que averiguar lo que realmente sucedió en aquel nefasto 5 de agosto de 1391.

* * *

Los musulmanes y las visitas pastorales del obispado de Barcelona

Cabe preguntarse también: ¿qué pasaba con los musulmanes? Es necesario responder a esta pregunta en el marco de las visitas pastorales de inicios del siglo XIV en el obispado de Barcelona.

En catalán "aljama" (del árabe "al-jamá", equivalente a "conjunto de personas") era la palabra que se aplicaría durante la edad media, y concretamente en tiempos del obispo Ponç de Gualba, para denominar las comunidades musulmanas que vivían en tierras cristianas y que podían tener una personalidad jurídica propia, pero no tan significativa como las juderías de las que hemos hablado. Los musulmanes en la Corona de Aragón poseían unos "status" jurídicos diferenciados. Dos siglos antes de Ponç de Gualba, ya Ramon Berenguer IV estableció un pacto entre sus condados y los musulmanes de Tortosa, en el que el conde de Barcelona aceptaba que continuaran con sus magistraturas islámicas y sus mezquitas. Sin embargo, permanecían sometidos a la autoridad del rey o conde cristiano a través de su alcalde, que además les cobraba importantes impuestos comunitarios. Los espacios urbanos donde vivían los sarracenos, como por ejemplo en el caso de Lleida, recibían el el nombre de "morerías", al igual que los judíos -como hemos visto- se reunían en las "juderías". Obviamente la invasión árabe o musulmana en la Catalunya vieja duró unos pocos años y fue muy dispersa. A pesar de todo, encontramos grupos de sarracenos -algunos esclavos- que destacan en artesanía y eran buenos dibujantes, especialmente en decoraciones con caracteres cúficos, como puede verse en una sala (dormitorio) del Palacio Episcopal de Barcelona, decorada en el mismo siglo XIV por artesanos musulmanes con frases extraídas del Corán.

Esclavas "bautizadas"

En este tiempo en Barcelona había un gran número de esclavos, especialmente numerosos a partir de mediados del siglo XIV. Por ejemplo, entre los años 1351 y 1370 llegan a ser 300, y sólo en la década de 1391 a 1400 pasan a ser 500. Si consideramos todo el siglo XIV, de los 1.600 esclavos documentados en Barcelona, 900 eran musulmanes, entre los cuales tenemos tres etnias: blancos (578), negros (96) y lores (228)[30].

Sin embargo, entre los años 1300-1330 los esclavos en Barcelona no pasaban de dos cientos. Hemos mencionado, por ejemplo, la sarracena Aixa, que vivía en el castillo de Subirats, y los casos de otras sarracenas que eran esclavas en casas. Recordemos también a un tal Cintas de la parroquia de Santa Maria del Pi, que se dice que tiene en su casa a una "sarracena cautiva propia" a la que "impregnavit"[31].

Posiblemente también era una esclava (saurina) la concubina de Berenguer Rubin según nos dice la visita del 20 de julio de 1303 a Sant Martí Sarroca[32].

---

30 J. HERNANDO: *Els esclaus islàmics a Barcelona: blancs, llors i turcs, de l'esclavitud a la llibertat (segle XIV)* (Barcelona, 2003), p. 50. "Llor" era el fill d'un pare blanc i mare negra o viceversa.

31 Visita a Santa Maria del Pi el 20 de julio de 1303, en VP 1/1, fol. 11v.: "Item en Cintes tenet in propria domo et impregnavit quandam sarracenam captivam propriam".

32 Visita a Sant Martí Sarroca el 20 de juliol de 1303, a VP 1/1, fol. 24v.: "Et post predicta fuerunt vocati F[er-

El presbítero de Cubelles Andreu tuvo relaciones carnales con una "sierva sarracena que actualmente se ha bautizado"; aunque el propio presbítero Andreu niega que sea su concubina[33].

En la visita a Vilafranca del 24 de marzo de 1305 «Maymonetus de Puig et Bonanatus Jaffet exercent contractus usurarios... Jacobus de Muntbou blasfemat Deum et sanctos suos». Este Maymonetus y posiblemente Jaffet, serían musulmanes[34].

En la visita a Gelida el 23 de febrero de 1310 se nos dice que Mn. Joan de Zamora (rector) tiene públicamente una "saurina" y de ella tuvo hijos, y en ese año la expulsó de su casa y "la tiene muy cerca" de la casa de la madre de la misma mujer[35].

En la visita del 24 de febrero de 1310 a Sant Sadurní, se nos dice que el laico Pere Masseguer llega a la iglesia tarde y Jaume Dalbiyana se casa con una sarracena y no quiere solemnizar el matrimonio[36].

En la visita del 26 de febrero de 1305 a Ses Gunyoles se nos dice que Mn. Jaume Miquel tiene en la parroquia a una bautizada con el nombre de María la cual el propio Jaume Miquel compró junto con unas casas en Vilafranca. El párroco confiesa que tuvo dos hijos de esta bautizada. Sin embargo, hace tres años que no tiene relaciones carnales con ella. El cura fue juzgado en Barcelona por el obispo en viernes de ceniza. El obispo le impuso una

---

rarius] Mathei, B[ernardus] Iohannis, P[etrus] Mathei, A[rnaldus] Mathei parrochiani dicte Ecclesie jurati dixerunt quod B[erengarius] Rubin tenet publice quandam nomine Saurinam de Puig Ferrer".

33 Visita a Cubelles el 1 de agosto de 1303, en VP 1/1, fol. 33v.: "Item dicitur quod Andreas presbiter cognosvit quandam servam sarracenam quo modo dicitur baptizata ab eo in vita. Negat Andreas per sacramentum".

34 Visita a Vilafranca el 24 de marzo de 1305, en VP 1/2, fol. 36.

35 Visita a Gelida el 23 de febrero de 1310, en VP 1/2, fol. 108v.: "Item dixerunt quod Guillelmus de Torreneyla rector ecclesie sancti Johannis de Zamora tenet publice Saurinam et filios habet ex ea et hoc anno eiecit eam de domo et tenet eam de prope cum matre ipsius mulieris".

36 Visita a Sant Sadurní el 24 de febrero de 1310, en VP 1/2, fol. 109v.: "Item Petrus Messeguer tarde venit ad ecclesiam. Item Jacobus Dalbiyana contraxit matrimonium cum Saurina filia Bernardae mulieris et non vult matrimonium sollempnitzare".

pena de 80 sueldos, y el dinero fue entregado al nuncio del obispo Peregrino[37].

Casos similares son los de Mn. Rossell de Riudebitlles, que tiene en su casa a una bautizada llamada Gaya[38]; el de Mn. Andreu de Cubelles, que "conoció" a una bautizada[39]; el de Mn. Bartomeu Colom de Bonastre con la bautizada Elisenda[40] y el de Mn. Gerald Dalmaci cura de Vilafranca con Geralda bautizada, de la cual tiene prole[41]. Posiblemente también el rector de Collet también es acusado del mismo delito[42].

---

37 Visita a Ses Gunyoles el 26 de febrero de 1305, en VP 1/2, fol. 25v.: "Et fuerunt vocati Geraldus Bassa, Guillelmus Esteve, Jacobus Michel tenuit publice in dicta parrochia quandam baptizatam nomina Mariam quam ipsemet emit et habuit prolem ab ea et minor habet II vel III annos et non ultra et tenet eam nunc apud Villafrancham in domibus quas ipse emit. Rector predictus per sacramentum confessus fuit se habuisse duos filios a dicta baptizata et moratur in domibus suis eiusdem rectoris apud Villafrancham sed III anni sunt quod non cognovit eam et quando intrat Villafrancham intrat dictas domos et ibi hospitatum unde fuit citatus Barchinone personaliter comparere ad diem veneris post cineres. Et dictus rector comparuit in crastinum post cineres et in presentia domini episcopi recognovit reatum predictum; unde dominus episcopus remisit sibi penam concubinatus per LXXX solidos Barchinone quod idem rector promisit sibi solvere hinc ad mediam quadragesimam et iniunxit sibi aliam penitentiam salutarem. Item iniunxit sibi sub pena privationis beneficii si de cetero esset cum predicta muliere in loco suspecto vel alia teneat publice concubinam. Solvit dictus rector LXXX solidos quos per manum Peregrini nuncii episcopi fuerunt traditi Guillelmi Darocha camerario episcopi".

38 Visita a Riudebitlles el 12 de març de 1305 en VP 1/2, fol. 30v.: «Item dixerunt quod Jacobus Rosselli presbiter tenet publice quandam nomine Gayam baptizatam in domibus dicti Jacobi apud Villa de Rivobirlarum».

39 Visita a Cubelles el 18 de marzo de 1305, en VP 1/2, fol. 32v.: "Item dixerunt famam publicam in tota parrochia quod dictus Andreas presbiter habuit quandam filiam a baptizata quam tenet in domo et hoc dixerunt esse notorium in loco".

40 Visita a Bonastre el 22 de marzo de 1305, en VP 1/2, fol. 34v.: "Ferrer Oltra Bergamara, Arnaldus de Arcubus, Petrus Augustini iurati dixerunt quod Vilanard Rector de Zalba habet hic quandam mulierem nomine Arsendis dez Clergue ex qua filiam habet hic maritatam in bono manso".

41 Visita a Vilafranca el 24 de marzo de 1305, en VP 1/2, fol. 35v.: "Item Geraldus Dalmacii presbiter habet quandam nomine Geraldam baptizatam ex qua prolem habet".

42 Visita a Montornés el 4 de diciembre de 1305, en VP 1/2, fol. 44: «Item dixerunt quod Guillelmus de Pinu Rector Ecclesie Sancti Josephi de Collet tenet publice in hac parrochia esclavam de Vilalba ex qua prolem habet videlicet filias et unum filium. Confitetur Rector de Montornés sed credit quod non peccat cum ea. Item dicit dictus Bernardus de Ortal beneficiatus. Confitetur dictus Guillelmus de Pinu predictam vera esse et quod comedit aliquoties in domo sua et iacet cum venit a domo ipsius Guillelmi ad videndum unam de dictis filiabus quam secum tenet donec procreaverit sibi virum et recedit ex inde cito et redit ad domum suam confitetur tamen quod nullam remissionem habet de predictis unde composuit cum domino Episcopo et promisit sibi dare XX solidos ad preces Petri de Lerone. Item Raimundus Gila fornicatur publice cum quadam muliere nomine Saurina apud villam de Ordal et prolem habet".

El párroco de Lavern Arnau Mora compró unas casas en Vilafranca con una bautizada que come y bebe con él. El obispo le perdonó, pero él cayó de nuevo, y el obispo finalmente le impuso una pena de cincuenta sueldos[43].

El presbítero Cortal de Vilafranca tiene fama de tener y conocer carnalmente a una que fue esclava y ahora es bautizada[44]. Mn. Guillem Soler, presbítero de Terrassola, peca con una emancipada llamada Teixidora. Él confiesa frente al obispo que pecó con ella hace tres años, y concretan que pagará 50 sueldos. Por último recibe la absolución del Sr. Obispo, prometiendo que no volverá a pecar. Mn. Guillem fue puntual devolviendo el dinero y se le hizo una carta de absolución[45].

En el monasterio de Santes Creus (que dependía de Barcelona), se dice que tienen un esclavo llamado Berenguer que es acusado de ser usurero[46].

---

43 Visita a Vilafranca el 15 de marzo de 1310, en VP 1/2, fol. 119v.: "Arnaldus Mora rector ecclesie de Sabern (Lavern) tenet hic quandam baptizatam in domibus quas ipse rector emit sibi et ipse declarat in eis quando intrat villam bene comedit secum et bibit et cum parrochianis suis declinat ad dictam domum et est famam in Villafrancha quod dicte domus sunt dicti Rectoris et dicte mulieris. Dominus Episcopus dispensavit secum super predictis et iniunxit sibi sub pena privationis beneficii quod numquam sit cum dicta muliere in eadem domo nec in loco suspecto nec aliquam teneat de cetero concubinam iniuncta sibi alia pro modo culpe penitentia salutari composuit cum domino Episcopo ad L solidos quos iuravit sibi solvere hinc ad secundam septimanam post Pascha, cum ad sinodum venerit solvit termino apposito".

44 Visita a Vilafranca el 15 de marzo de 1310, en VP 1/2, fol. 118v.: "En Cortal presbiter alias vocatur Messeger qui nondum venit de armata tenet quandam baptizatam quam alias fuit amica den Alio".

45 Visita a Terrassola el 29 de marzo de 1310, en VP 1/2, fol. 129v.: "Et fuerunt vocati de parrochianis: Bernardus Blanch, Arnaldus de Cumbis, Petrus Vendrelli, Bartholomeus Samso, Guillelmus de Saleles, Guillelmus Vals qui sub virtute prestiti iuramenti dixerunt ea que sequntur: primo quod Guillelmus de Solerio presbiter regens ecclesiam de Terrazola pro rectore eiusdem fornicatur publice cum mancipia (=esclava) que vocatur na Texidoreta et habet inde filiam et adhuc non sunt III septimane quod ipsa peperit illam. Fatetur dictus Guillelmus de Solerio se dictam mulierem in concubinam habuisse III anni sunt elapsi sed ex tunc non participavit cum illa nec scit nec credit se ex tunc ab illa diffamatum fore nec scit cuius sit natus illius cum multi participaverint cum ea. Composuit tamen cum domino Episcopo de pena concubinatus ad L solidos quos iuravit sibi solvere et mittere hinc ad octavas Pasce et V solidos scriptori, iniuncta sibi alia pro modo culpe penitentia salutari et iniuncta sibi sub pena constitutionis ratione quod ad modo non sit cum dicta muliere in loco suspecto nec aliquam teneat de cetero concubinam. Solvit infra tempus predictus et habuit litteram absolutionis de predictis usque ad presentem diem".

46 Visita a Pontons el 7 de agosto de 1313, en VP 2, fol. 9-9v.: "Super statu parrochie dixerunt quod Guillelmus Dalmacii tenet publice concubinam et Berengarius baptizatus captivus monasterii Sanctarum Crucium est usurarius publicus etiam Guillelmus Marimon. Exercet usurarios contractus et Ferrarius Bon Masip et Na Rosera mulier exercent etiam contractus usurarios".

El rector de Barberà tiene una esclava con el nombre Alamanda de la cual es infamado[47].

De la visita a Martorell del 6 de diciembre de 1324 se nos dice que Guillermo Thomas tiene la fama de pecar carnalmente con la "sierva" de Pere Rubei. Él lo niega[48].

En la visita a Vilafranca del 24 de marzo de 1305 se nos dice que es público que Ferrari de Vilafranca está con una bautizada, con la que vive como hombre y mujer, pero no lo dicen[49].

Esclavitud y cautiverios en los "Comunes"

Presentamos los siguientes documentos extraídos de la serie "Comunes" y otras series del Archivo Diocesano de Barcelona según el índice elaborado por J. M. Martí Bonet y J. Alarcón (con la abreviatura "MA"). Recordemos que muchos de los cautivos se convertían en esclavos. Todos estos documentos hacen referencia a la esclavitud como pérdida de la libertad, un valor básico para empezar a tener un diálogo o si queremos una interculturización que se convierta en verdadera evangelización.

MA 555 Cautivos, para redimir cautivos: R.C. vol. 1375- 83: Publicación una bula de Gregorio XI dirigida al arzobispado de Tarragona referente a los cautivos cristianos que se encuentran en Granada. Concede que se pidan limosnas para su redención. El predicador será Fray Pedro de Aragón de Orden de Menores. Indulgencias "in articulo mortis". Camp. fol. 381.

---

47 Visita a Barberà el 20 de diciembre de 1313, en VP 2, fol. 22-22v.: "Super servicio ecclesie dixerunt quod rector tenebat quandam ancillam nomine Alamanda de qua fuit infamatus".

48 Visita a Martorell el 6 de diciembre de 1324, en VP 3, fol. 38: "Item dixerunt quod Guillelmus Thomam peccat carnaliter cum Elicsende serva Petri Rubei de villa Martorelli. Negat dictus Guillelmus Thomam unquam peccasse carnaliter cum dcita serva. Item dixerunt quod Berengarius Veli fornicatur publice cum Maria ex qua prolem habet".

49 Visita a Vilafranca el 24 de marzo de 1305, en VP 1/2, fol. 36: "Item Ferrarius de Villafrancha tenet publice quandam baptizatam, dicitur quod secrete contraxit secum".

MA 556 Cautivos, cuestiones de limosnas: R.C. vol. 1370 fol. 66, R.C. vol. 1383- 87 fol. 117: Licencia para predicar indulgencias por los cristianos cautivos. Camp. fols. 360, 401.

MA 557 Cautivo, limosnas: Marçal Sant, Prior y Mosqueroles: R.C. vol. 1369- 71 fols. 173, 174: Comisión para deshacer al prior del monasterio de Sant Marçal del Montseny (diócesis de Vic) del vínculo de la excomunión en la que cayó por no pagar al párroco de Mosqueroles la décima y las primicias de pan, vino y legumbres de diversas tierras que dicho prior tiene en esta iglesia. De aquí se derivan limosnas para los cautivos. Camp. fol. 355.

MA 1418 Esclavos: R.C. vol. 1311- 14 fol. 7: Aseguramiento de un esclavo nuevamente bautizado. Camp. fol. 21.

MA 1419 Esclavos: R.C. vol. 1314- 23 fol. 57: Juicio sobre la libertad de vender o no un esclavo. Camp. fol. 36.

MA 1420 Esclavos: R.C. vol. 1368- 69 fol. 104: Apelación de un siervo según lo que había declarado el vicario general que debía restituirse previa caución, según la tradición que proviene de los apóstoles. Camp. fol. 345.

MA 1421 Esclavos. Cervera: R.C. vol. 1387- 91 fol. 44: Testimonios por un esclavo en Cervera, valorado en 133 doblones de oro. Camp. fol. 460.

MA 1422 Esclavos: R.C. vol. 1336- 38 fol. 148: Monitore porque un secular al cual se le había impuesto la pena de 20 libras si maltrataba a una escalaba griega, lo había hecho, por tanto vale dicha pena al obispo. Camp. fol. 146.

MA 1423 Esclavos, causas de: R.C. vol. 1369- 71 fols. 36, 37: El vicario general siguiendo una querella contenida en otra "litera" del propio vicario sobre el conocimiento de las causas de los siervos, impulsa a los laicos a seguir los derechos de la Iglesia "quia jam renovata erat ordinatio regia". Camp. fol. 351.

MA 1424 Esclavos, libertad de los esclavos, jurisdicción episcopal: R.C. vol. 1369- 71 fols. 24, 27: "Litera episcopi" directa al vicario (*Veguer*) de Barcelona y del Vallés a favor de la suspensión de la ejecución de unas literas regias que prohíben que los sirvientes reclamen la libertad al obispo y que el obispo reconozca la libertad de los sirvientes. Esta ley fue discutida. Camp fol. 350.

MA 1425 Esclava de un canónigo: R.C. vol. 1336- 38 fols. 84, 85, 86: Letras del Vicario general de Tarragona sobre la confirmación de la sentencia del ordinario a favor de una esclava griega que un canónigo de la Sede tenía, declarándola libre. Y copia de la confirmación. Presentación de caución hecha por el mismo canónigo de tener con todo cuidado y veneración durante la causa coram Sanctissimum (papa). Camp fol. 141.

MA 6056 Esclavo: R.C. vol. 1590- 94 fol. 201: Licencia de dar el bautismo a un sirevo del Barón de Erill Camp. II fol. 264.

MA 7130 Redención de cautivos: R.C. vol. 1689- 98 fol. 135: Edicto del Sr. Obispo publicando la redención de cautivos que pretendían hacer frailes de la Mercè en Argel. Camp. II, fol. 264.

MA 15589 Cautivos, "Questoria" o licencia para pedir limosna para los esclavos cautivos: Gr. vol. 1372- 3 fols. 24, 30, 34, 52, 105, 109, 122, 172 y 195. Ind. X. 52.

MA 15590 Cautivos, "Questus": Gr. vol. 1368- 70 fols. 25 y 104. Ind. X. 32.

MA 15591 Cautivos, redención: Redención de 38 cautivos por los mercedarios, por el precio de 3840 doblones "questoria": Gr. vol. 1387- 9 fol. 137. Ind. X. 107.

MA 15592 Cautivos, "Questus": Para redimir a un cautivo con indulgencias: Gr. vol. 1363- 65 fols. 19, 21, 102. Ind. X. 2.

MA 15593 Cautivos, "Questus": Gr. vol. 1365- 8 fols. 195 y 228. Ind. X. 24.

MA 15594 Cautivos, "Questus": Gr. vol. 1370- 72 fols. 21, 28, 34, 99, 123, 129, 132, 136, 139, 142, 174 y 219. Ind. X. 43.

MA 15595 Cautivos. Licencia: Para acumular una suma de dinero para la redención de los cautivos: Gr. vol. 1376- 80 fol. 99. Ind. X. 66.

MA 15596 Cautivos concretos: Gr. vol. 1383-6 fols. 170 y 178. Ind. X. 89.

MA 15597 Cautivos, redención (una): Gr. vol. 1383- 7 fol. 208. Ind. X. 99.

MA 15598 Cautivos, redención (varios años): Gr. vol. 1386- 7 fol. 151. Ind. X. 99.

MA 15599 Caurivos de los musulmanes: "Questus": Gr. vol. 1431- 32 fol. 71. Ind. X. 207.

MA 15600 Cautivos "Hortatorias" (exhoraciones) dirigidas a los "curatos": Para que animaran a los fieles a dar limosnas por los cautivos al cuidado de los mercedarios: Gr. vol. 1673 fol. 273. Ind. X. 426.

MA 15601 Cautivos: Para bendecir una estancia del convento de capuchinas: Gr. vol. 1693- 1702 fol. 545. Ind. X. 508.

MA 18409 "Questoria" por una galera: Por las marinas de Cataluña. Los moros "infectaban" los mares de Cataluña y hacían muchos cautivos y robaban muchos bienes, de modo que los obispos de Barcelona, Tortosa, Lleida, Girona y Elna pidieron a los parroquianos que dieran limosnas y organizaran campañas: Gr. vol. 1376- 80 fols. 121 y 122. Ind. X. 67.

MA 22385 Esclavo: Letras comendaticias por un sacerdote redimido esclavo: Gr. vol. 1728- 34 fol. 108. Ind. XI. 26.

MA 27156 Esclavo. Jurisdicción eclesiástica (Tit. I, 19) (1400 noviembre 6): Orden del Rey Pedro y los suyos mandando que los esclavos no puedan recurrir a la curia episcopal para proclamar la libertad, y que nadie pueda usar de medidas antiguas; que los laicos no pudieran ser compelidos a pagar los censos. Mandó también que para obviar las cuestiones que se suscitan se hicieran revocaciones a favor de la iglesia hasta que el rey dispusiera.

MA 28704 (414) *Eclavos, venta* (a. 1422) Epígrafe: "Originale testium productorum pro parte Simonis Onzés". Libro, 15 x 22 cms. 12 fols. Sin foliar.

Esclavos en el coro de la Catedral de Barcelona, en los monasterios y en la Cartuja de Montalegre

La compra y venta de un esclavo desgraciadamente era algo muy normal en la diócesis de Barcelona en época medieval. Así nos ha causado mucha sorpresa que aun en los monasterios y conventos y (por qué no decirlo) que los mismos canónigos compraran y vendieran esclavos y esclavas. Así sucedía, en la compra de esclavos, por ejemplo, en la Cartuja de Montalegre de Tiana. Aquí los esclavos servían por si era necesario ampliar o decorar algún recinto de la cartuja que en el siglo XV empezaba a edificarse. Antes había estado en Terrassa, en la cartuja del Vallparadís. La venta de esclavos era normal. Lo mismo observamos en la construcción o mejor dicho en las esculturas del coro de la catedral de Barcelona, donde Claperós tenía un esclavo (Jordi Joan), al cual después de haber hecho las esculturas de las paredes laterales se le dio la libertad como premio.

También hay que tener muy presente la tesis doctoral de la Dra. Emi Turull Pibernat: *L'Església Catòlica i l'esclavitud. Esclaves als monestirs femenins de Barcelona a la Baixa Edat mitjana (1326-1495)*, defendida el 12 de marzo de 2024 en el Campus de la Ciutadella de la Universidad Pompeu Fabra de Barcelona.

En la cartuja hubo entre los años 1423 y 1459 un personaje muy famoso llamado Fray Juan de Nea. Era cartujo laico y procedía de la cartuja de Portaceli. Éste fue el gran impulsor de las obras del monasterio de Montalegre (Tiana) junto con Fray Francesc Maresme y Fray Pere Ferrer. Los tres eran de la cartuja de Portaceli.

Fray Juan de Nea fue procurador y síndico de la cartuja de Montalegre y nuncio especial y general de la Gran Cartuja, procurador y síndico de los acreedores del noble Hug de Cardona. Fue también nuncio de la Santa Sede con el fin de poner orden en las deudas que el papa Luna (Benedicto XIII) había acumulado. Iba muy a menudo a Barcelona y a Valencia, y allí compraba esclavos para sus asuntos. Según la crónica, por ejemplo, el 22 de abril de 1433 lo encontramos comprando en el mercado de Sant Mateu Savall en nombre de la cartuja "un siervo, esclavo y cautivo (negro y bautizado) llamado Simón". Anteriormente, en 1424, encontrándose en Valencia compró un esclavo por el precio de 42 libras. En el año anterior, 1423, había vuelto a Valencia de donde vino "por segunda vez en el mes de septiembre y compró dos esclavos por el precio de 1640 sueldos". He aquí el texto concreto: "Item després el Prior amb 3 frares per hòmens faens comprà dos esclaus, 4 besties de sella e una bèstia de albarda en 9 jorns que matem de Portaceli fins assí: 264 sous y 9 diners, plegant-hi lo jorn de Santa Creu".

En 1434, según la crónica, se encuentra el siguiente relato: "El 21 d'agost l'Almoina dels Pobres de l'Església de Barcelona, pel preu de 93.500 sous de Barcelona, va vendre en lliure i franc alou el castell de Cabanyes, al domus de Mogoda i també el mer i mixt imperi i la jurisdicció alta i baixa, civil i criminal a les parròquies de Santa Perpètua de Mogoda, Sant Fost, Sant Cebrià de Cabanyes i Santa Maria de Martorelles a favor de fra Joan de Nea i el seu convent".

"El 27 d'agost Joan de Nea, Joan Sans i Pere de Palou, delegats de Francesc Maresme, congregats a la capella antiga de la casa de Montalegre juntament amb uns altres quatre monjos d'aquesta cartoixa, van signar la venda del castell de Sant Pau del Maresme a Favor de Bernat Joan de Cabrera, comte de Modica, pel preu de 90.000 sous de Barcelona de tern".

Dieciocho años (entre 1426 y 1434) fueron definitivos para la edificación de la gran cartuja de Montalegre en el nuevo emplazamiento de Tiana, ya que antes estaba en Terrassa y era la cartuja de Vallparadís, actualmente (2024) convertida en Museo.

"Obviamente -dice el documento- que tenían gran facilidad para extraer piedras y fabricar ladrillos, tejas... por la venta que recibió Fray Juan de Nea (el 15 de julio de 1426) de un terreno diríamos privilegiado que estaba en la parroquia de Santa María de Badalona". Así, continúa el resumen del documento del notario de Barcelona Mateo Thesarach: "Guillem Ram, campesino de Barcelona, vende a fray Joan Nea, procurador del monasterio de Montalegre, por el precio de 5 libras, parte de una pieza de tierra situada en la parroquia de Santa María de Badalona, pero el espacio de tanto tiempo se ocupará, y no más, en concluir el nuevo monasterio que está empezado dentro de los límites de la parroquia de Tiana: al fin de valerse y extraer de ella la tierra para fabricar ladrillos, tejas y demás obra se ofrecerá para finalizar el nuevo monasterio, y linda, a levante con..."

Del 1448 hay una nota curiosa: "Los seis de agosto de 1448 vino la reina María a Montalegre y compró Fray Juan de Nea para hacerle fiesta una docena de melones que costaron tres sueldos y un par de pollos que costaron 18 dineros y quince sueldos de huevos".

También el papa Nicolás V -gran amigo de Fray Juan de Nea- intervino en la cartuja de Montalegre de Tiana, si bien es cierto que antes la cartuja colaboró en "recaudar dinero para preparar una flota contra los turcos y para la reparación y construcción de la basílica de San Pedro y otras iglesias de la ciudad de Roma. Además el propio Papa instituyó a Juan de Nea colector general y depositario del dinero que se recogió en los reinos occidentales de Alfonso el Magnánimo".

Gran actividad tanto de la Cartuja como de Joan de Nea. Actividades que participaban el Papa, reyes, reinas, artesanos... e incluso esclavos: estos últimos con un papel preeminente en muchos casos.

Como conclusión, en lo que se refiere a los esclavos, cabe decir que la Iglesia debería haber luchado definitiva y directamente por la abolición de la esclavitud, y hay que decirlo, no lo hizo, o quizás no lo pudo hacer.

Jesús predicando en el mar de Galilea.
Grabado de Gustave Doré (1832-1883)

A GUISA DE CONCLUSIÓN:
SEGUIR AL SEÑOR CON RADICALIDAD

Después de la presentación de tantos documentos y no menos reflexiones sobre ellos, debemos constatar que en la Iglesia se han producido muchos cambios, pero hay elementos que son invariables que constituyen la esfera de lo que denominamos "de derecho divino". Esto lo constatamos gracias a utilizar unas herramientas fidedignas con las que elaboramos la historia de la Iglesia, instituida por Jesucristo y que tiene fundamentos esenciales: por ejemplo el primado de San Pedro, la colegialidad episcopal y el Pueblo de Dios, Asamblea Santa y Pueblo sacerdotal.

Todos caminamos hacia el Reino de los Cielos o Reino de Dios. Todos caminamos juntos; así lo desea el papa Francisco.

¡Que ha habido cambios! Es evidente. El último se produjo en los últimos días del año 2023, cuando la prensa y los medios de todo el mundo anunciaban en sus portadas: "El Papa acepta bendecir las uniones gays mientras no se equiparen con el matrimonio". Éste ha sido un paso significativo después del sínodo celebrado en Roma en el mismo año 2023. Este cambio (18-12-2023) sintoniza con aquella expresión que manifestó el propio papa Francisco al volver de un viaje apostólico de Brasil: "Si una persona es gay, busca a Dios y tiene buena voluntad, quién soy yo para juzgarla". Obviamente, también cabe decir que no se condena lo que por la misma naturaleza es natural.

Es cierto que en la Iglesia se han producido y se siguen produciendo cambios, y en la mayoría de los casos es por el bien de la propia Iglesia, e incluso para su reforma. Así, por ejemplo, cuando se hace la reforma gregoriana (siglo XII), se utiliza la centralización papal y se purifican las costumbres (en los sacramentos), cerrando la puerta, por ejemplo, a todo tipo de divorcio en el sacramento del matrimonio e imponiendo de forma taxativa el celibato para el clero de la Iglesia latina. Son herramientas o instrumentos concretos para forzar el perfeccionamiento, mejorar y purificar estamentos concretos de la propia institución eclesiástica en determinados lugares. A la jerarquía, y especialmente al Papa, le corresponde, por ejemplo en el caso del celibato, determinar si es oportuno o no imponer la normativa. Éste es su derecho. La historia tiene posibilidades de demostrar si la normativa fue acertada, o si en otro tiempo ya no es oportuna; así se deduce de los anteriores estudios.

También se le pide al papado que lleve a la misma jerarquía eclesiástica a interactuar o interculturizar en la evangelización. Hay que estar receptivos a los valores que puede tener la sociedad civil, como fue el caso de los derechos humanos, de los valores de la Revolución Francesa, e incluso de la propia democracia actual.

Es necesario estar abiertos a los evangelizados, porque de ellos podemos recibir multitud de beneficios. Hay que aprender de Mateo Ricci y su inculturización entre la Iglesia y la sociedad china. Es necesario estar siempre en una actitud interactiva: no sólo dispuestos a dar, sino también a recibir; como también es necesario -como dice el papa Francisco- actuar "con los pobres", y no sólo actuar "para los pobres". Esta postura es también válida en otros colectivos (judíos, musulmanes, esclavos...) y en toda persona que evangeliza o es evangelizada. Todo esto significa que es muy beneficioso dejarnos llevar por el triple empuje que nos propone el papa Francisco: la sinodalidad y colegialidad episcopal, la interculturización y la posible revisión del celibato para revaluar el sacerdocio y la vida célibe.

En todo este amplio panorama que nos propone el papa Francisco, habrá que recordar que "todos caminamos juntos hacia la Jerusalén celestial". Seguimiento y andar que puede ser con radicalidad. Así se ve en las siguientes citas evangélicas, que son en muchos casos aplicables por quienes nos complace seguir -con jurada fidelidad- la vida célibe. El celibato no es sólo una renuncia, sino una opción muy positiva para seguir a Jesucristo con radicalidad, como se intuye en las siguientes citas bíblicas que nos complace reiterar:

- Mt. 4, 18-22: "Seguidme, y yo os haré pescadores de hombres. Al momento dejaron sus redes y se fueron con él" (véase también Lucas 5, 1-11).

- Mt. 8, 19-20: "Y vino un escriba y le dijo: Maestro, te seguiré adondequiera que vayas. Jesús le dijo: Las zorras tienen guaridas, y las aves del cielo nidos; mas el Hijo del Hombre no tiene dónde recostar su cabeza.".

- Lc. 9, 57-62: "Y dijo a otro: Sígueme. Él le dijo: Señor, déjame que primero vaya y entierre a mi padre. Jesús le dijo: Deja que los muertos entierren a sus muertos; y tú ve, y anuncia el reino de Dios.".

- Mt. 9, 9: "Pasando Jesús de allí, vio a un hombre llamado Mateo, que estaba sentado al banco de los tributos públicos, y le dijo: Sígueme. Y se levantó y le siguió.".

- Mt. 10, 34-37: "No penséis que he venido para traer paz a la tierra; no he venido para traer paz, sino espada. Porque he venido para poner en disensión al hombre contra su padre, a la hija contra su madre, y a la nuera contra su suegra; y los enemigos del hombre serán los de su casa. El que ama a padre o madre más que a mí, no es digno de mí; el que ama a hijo o hija más que a mí, no es digno de mí".

- Mt. 16, 24-25: "Entonces Jesús dijo a sus discípulos: Si alguno quiere venir en pos de mí, niéguese a sí mismo, y tome su cruz, y sígame. Porque todo el que quiera salvar su vida, la perderá; y todo el que pierda su vida por causa de mí, la hallará.".

- Mt. 19, 12: "Pues hay eunucos que nacieron así del vientre de su madre, y hay eunucos que son hechos eunucos por los hombres, y hay eunucos que a sí mismos se hicieron eunucos por causa del reino de los cielos. El que sea capaz de recibir esto, que lo reciba".

- Lc. 9, 61-62: "Entonces también dijo otro: Te seguiré, Señor; pero déjame que me despida primero de los que están en mi casa. Y Jesús le dijo: Ninguno que poniendo su mano en el arado mira hacia atrás, es apto para el reino de Dios".

- Mt. 12, 46-49: "Mientras Jesús hablaba a la multitud, se presentaron su madre y sus hermanos. Se quedaron afuera y deseaban hablar con él. Alguien le dijo: —Mira, tu madre y tus hermanos están afuera y quieren hablar contigo. —¿Quién es mi madre y quiénes son mis hermanos? —respondió Jesús. Señalando a sus discípulos, añadió: —Aquí tenéis a mi madre y a mis hermanos. Cualquiera que hace la voluntad de mi Padre que está en los cielos es mi hermano, mi hermana y mi madre".

Es cierto, pues, que a las almas generosas hacia el seguimiento de Jesucristo, se les exige radicalidad: "hacer la voluntad del Padre que está en los cielos", así como seguir las palabras e invitaciones del mismo Jesús. Y también con esto, en estos últimos días, el papa Francisco ha protagnizado un nuevo episodio al admitir la posibilidad de bendecir a las parejas del mismo sexo, sin convalidar oficialmente su "status". Explicamos brevemente este nuevo embate papal:

El dicasterio para la Doctrina de la Fe, el 18 de diciembre de 2023 publicó la declaración "Fiducia supplicans" sobre el sentido pastoral de las bendiciones. Está firmada por el papa Francisco, y es una reflexión teológica basada en la visión pastoral del propio papa Francisco, e implica un verdadero desarrollo de lo que se ha dicho sobre las bendiciones en el magisterio y en los textos oficiales de la Iglesia. Y es precisamente en este contexto en el cual se pueden entender las posibilidades de bendecir a las parejas del mismo sexo, sin convalidar oficialmente su "status" ni alterar en modo alguno la enseñanza perenne de la Iglesia sobre el matrimonio.

Textualmente, se nos dice: "Que la presente declaración ha tomado en consideración algunas cuestiones que han llegado a este Dicasterio, tanto en años pasados como más recientemente. Para su redacción -como es práctica habitual- se consultó a expertos en el marco de un proceso de elaboración y su borrador se realizó en el Congreso de la Sociedad Doctrinal del Dicasterio. Durante este tiempo de elaboración del documento, no faltaron las conversaciones con el Santo Padre Francisco. Finalmente, fue presentada al Santo Padre, que la aprobó con su firma.

La reflexión teológica está basada en la visión pastoral del papa Francisco, y además implica -como se ha dicho- una recopilación de doctrina oficial de la Iglesia sobre el concepto de "bendición"; sin embargo, se ha producido un aparente cambio, aunque no afecta -según nuestra opinión y el mismo texto de la declaración- a la enseñanza perenne de la Iglesia sobre el matrimonio; con otras palabras, no se quiere en modo alguno indicar que hay verdadero matrimonio fuera de los parámetros indicados por la propia Iglesia: sacramento entre mujer y hombre. Sin embargo, las reacciones en algunos sectores de la Iglesia se expresan rechazando el contenido de dicha declaración de la Doctrina de la fe. Por otra parte, aceptando que puede ser correcto expresar libremente el propio parecer, lo que no se puede negar es que para otros sectores de la Iglesia ha sido algo muy positivo. Posiblemente se haya cambiado el talante del tan temible (en otros tiempos) Dicasterio para la Doctrina de la fe. ¿Quién diría que tal resolución (o declaración) proviene del antiguo Santo Oficio o la Santa Inquisición? Aquí también se han producido cambios, y estos cambios son consecuentes también a citas evangélicas (Mc. 15, Lc. 30-32, Lc. 15, 1-2, Lc. 19, 7-8). Sin embargo, no se condena que una persona sea por naturaleza homosexual.

Jesús nos dice que hay que amar, incluso a los enemigos, y que el Padre celestial hará llover sobre justos y pecadores, pues espera que los pecadores se conviertan. Este "Padre nuestro" abraza al hijo pródigo y tiene a su Hijo primogénito que perdona a la adúltera...: "Enderezándose Jesús, y no viendo a nadie sino a la mujer, le dijo: Mujer, ¿dónde están los que te acusaban? ¿Ninguno te condenó? Ella dijo: Ninguno, Señor. Entonces Jesús le dijo: Ni yo te condeno; vete, y no peques más" (Jn 8-11). Este Buen Dios es infinitamente compasivo y perdona siempre a quien le pide perdón sincero. En este marco de los evangelios, creo que es muy adecuado, en los momentos en que vivimos, el tono del documento "Fiducia supplicans". Qué distintas eran las fórmulas anteriores de excomunión y los episodios de algunas páginas de la historia de la Iglesia que durante más de sesenta años hemos enseñado. Para mí exponer estas páginas ha supuesto un gran sufrimiento. En esta nuestra historia de la Iglesia va bien una nueva dosis de misericordia y de bendiciones a los seres humanos (incluso pecadores), pero que se aman; el resto lo hará nuestro Padre Todopoderoso y misericordioso. Así lo esperamos en el Señor. ¡Gracias también papa Francisco!

J. Mª. Martí Bonet

BIBLIOGRAFÍA QUE SE HA TENIDO PRESENTE

J.Mª Martí Bonet, *"Sinodalidad" ayer y hoy en la Iglesia. "... allanad el camino del Señor"* (Jn. 1, 23) (Barcelona, Bubok, 2023)

— *L'Splendor. Evocacions íntimes de la vida dels cristians dels primers segles (I-IV)* (Barcelona, Bubok 2021)

— *Ecclesia. Història de l'Església en 100 temes.* 2 vols. (Barcelona, Bubok 2021)

— "El palio del buen pastor", *La Vanguardia* (4 diciembre 2016) 50

— *Entre el papado y el sínodo: una evolución decisiva en la historia de la Iglesia* (Barcelona, Bubok 2014)

— *¿Hacia una nueva encarnación del evangelio?* (Barcelona, Bubok 2015)

— *El palio: insígnia de los papas y arzobispos* (Madrid, BAC 2008)

— *Roma y las iglesias particulares en la concesión del palio a los obispos y arzobispos de Occidente. Años 513-1143* (Madrid, Consejo Superior de Investigaciones Científicas 1976)